봄날의 위로

송영주 지음

크리스챤서적

추천사

  송영주 집사님의 시와 수필을 읽으면서 떠오른 이미지는 헨리 나우웬이 쓴 책 제목이 되기도 했던 《상처 입은 치유자》의 이미지였습니다. 자신의 삶에서 경험했던 기쁨과 슬픔과 고통이 알알이 맺혀 시어로 승화된 그녀의 글은 읽는 이들의 마음에 누군가 자신의 마음을 이해해 준다는 느낌을 전해 줄 것입니다. 일상생활에서 경험한 삼위 하나님과의 교제와 다양한 삶의 이야기들을 기독교 신앙적으로 반추하면서 틈틈이 써둔 글들을 모아서 책으로 묶은 그녀의 마음은 마치 보리떡 다섯 개와 작은 물고기 두 마리를 예수님께 바친 이름 없는 한 아이의 마음과 같은 것이 아닐까 생각해 봅니다. 비록 화려하지 않고 요란하지 않지만 소박한 글들을 통해 많은 사람들의 영혼에 위로와 힘을 줄 수 있으리라 생각합니다.

  연약한 풀잎이 주어진 생명으로 돌 틈 사이에서 만족하며 순종하며 살아가는 모습으로 표현한 시에 투영된 모습은 바로 송 집사님의 모습이라고 생각합니다. 이름 없이 빛 없이 주님의 쓰임을 받고 싶은 마음을 그녀의 글 속에서 느낄 수 있을 것입니다. 특히 "말하지 마세요(참된 위로)"라는 시는 위기 상담에서 꼭 필요한 지혜를 담고 있는 귀한 시입니다. 이 시는 많은 크리스천들이 쉽게 저지를 수 있는 실수를 반성하게 합니다.

송 집사님은 제가 백석대학교 교수로서 재직할 당시 상담대학원에 입학해서 그녀의 첫 학기에 제가 가르쳤던 과목인 "신앙과 심리 치료"를 수강한 학생이었습니다. 이미 출간했던 그녀의 책을 선물로 받았던 기억이 납니다. 상담대학원에서의 마지막 강의를 열심히 수강한 학생으로서 기억하는 의미 있는 만남이었습니다. 이론적인 공부에 만족하지 않고 한국목회상담연구소에서 임상훈련을 마친 후 전임 상담사로 사역하고 있는 송 집사님은 앞으로 많은 성도들과 내담자들에게 가슴이 넓고 따뜻한 기독교 상담사로서 자리매김할 귀한 재원이라고 생각하며 이 책을 추천합니다.

2011년 가을에
이관직(총신대 신학대학원 목회상담학 교수)

첫인사

편지를 시작하며

　안데르센 동화 중에 이런 이야기가 있습니다. 가난한 농부 할아버지가 유일한 재산인 말을 다른 것으로 바꾸려고 시장에 갑니다. 그 후 할아버지는 말을 암소로, 암소를 양으로, 양을 거위로, 거위를 닭으로, 마지막에는 닭을 썩은 사과 한 자루와 바꾸게 됩니다. 그 사연을 듣게 된 두 영국 부자가 할아버지가 집에 가면 곤란해질 것이라며, 그럴 리가 없다는 할아버지와 내기를 합니다. 집에 돌아온 할아버지는 썩은 사과 한 자루를 가져오게 된 과정을 할머니에게 이야기합니다. 그런데 할머니는 그 과정들마다 정말 잘했다며 "역시 당신이 하는 일은 언제나 옳아요"라고 칭찬합니다. 부자들은 큰 감동을 받고 노부부에게 금화 한 자루를 주게 된다는 이야기입니다.

　이 동화를 예로 드는 것이 꼭 적절한 것은 아니지만, 하나님은 제게 '항상 옳으신 분'이십니다. 가끔 내 인생의 '말 한 마리'가 '썩은 사과 한 자루'가 되어버린 듯이 느껴질 때라도 훗날 돌아보면 하나님께서 그 사과를 금화로 만드셨다는 것을 깨닫곤 했습니다. 그 '금화'는 눈에 보이는 형통함만을 의미하는 것은 아닙니다. 어떤 일이든지 하나님께서 이루시는 결말이 내가 생각했던 것보다 언제나 옳고 가장 좋았음을 고백하게 됩니다.

* * *

가을이 깊어가고 있고, 이제 곧 겨울이 옵니다. 겨울이 와서 찬바람과 매서운 추위에 몸과 마음을 떨다가도 이 겨울이 지나면 봄이 올 것을 알고 있습니다. 그 기대가 있기에 겨울을 견딜 수 있습니다. 겨울의 한복판에서 이 겨울이 과연 지나가기는 하는 것일까 두렵고 힘이 들지만, 시간은 흐르기 마련이고 찬바람이 어느새 부드러워짐을 발견하게 됩니다. 아가서 2장 말씀처럼 '겨울도 지나고 비도 그쳤고 지면에 꽃이 피고 새가 노래하는' 봄이 오는 것입니다. 인생의 겨울에서 스산함에 마음의 옷자락을 여미도

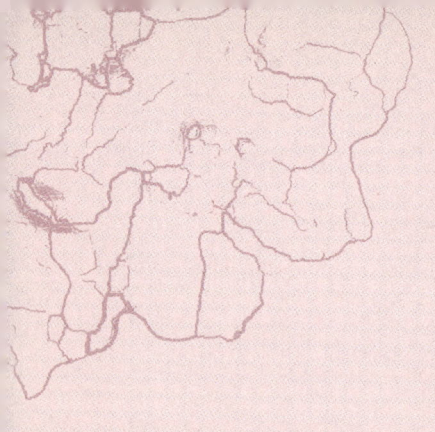

봄은 아주 천천히 소리 없이, 하지만 반드시 다가옵니다.

마가복음에 예수님과 제자들이 탄 배가 풍랑을 만나는 장면이 나옵니다(막 4:35-41). 어부 출신 제자들이 당황하여 어쩔 줄을 몰라 할 때 예수님은 배 고물에서 주무시고 계셨습니다. 전에 이 본문을 읽을 때는 주무시는 예수님이 이해가 되지 않기도 했지만, 지금은 예수님이 '그 배에 함께 계셨다'는 사실만으로 위로가 됩니다. 인생의 폭풍우 속에 함께 계시는 주님, 비록 잠드셔서 돌보아 주시지 않는 것처럼 느껴진다 할지라도 곧 일어나 잠잠케 해 주실 거란 믿음, 그것이 얼마나 위로가 되는지요.

그 이야기들을 담고 싶었습니다. 문학적인 글이나 학문적인 글이 아니라 그저 제 마음을 담은 '편지'들입니다. 제가 하나님께 받은 위로와 제가 다른 이들에게 전하고 싶은 위로의 이야기들을 짧은 편지와 긴 편지 형식으로 담았습니다. 진정한 위로는 하나님 안에서만, 궁극적 위로는 천국에서 이루어질 것이기에, 이 책을 읽고 이미 하나님을 아시는 분에게나 아직 모르시는 분에게 위로자 되시는 하나님을 소개해 드리고 싶습니다. 언제나 곁에서 숨은 위로를 주시고 살 소망을 주시는 하나님…… 그래서 책의 제목을 '봄날의 위로'라고 정했습니다.

* * *

인생의 하프타임에서 새로이 기독교 상담 공부를 시작했습니다. 힘들어 하는 지체들에게 마땅한 위로의 말을 찾는 것은 어렵습니다. 그러나 때로는 말보다도 곁에 있으면서 손잡아 주는 것만으로 힘을 얻는 그들을 보며 상담이야말로 주님과 동역하는 '작지만 큰일'이라는 생각을 해봅니다. 이 책의 글들은 상담자의 마음을 담은 것도 있고, 상처 입은 내담자의 마음을 담은 글도 있습니다. 글을 통해 가장 완전한 상담자이자 치유자 되시는 분은 오직 주님이심을 말씀드리고 싶었습니다. 인생의 유한함과 하나님의

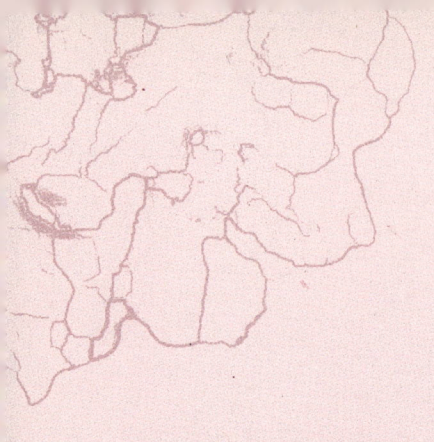

영원하심을 불신자들에게 전하고 싶은 이야기도 함께 담았습니다.

뒷부분의 시 몇 편은 저의 전작 《내 인생의 스웨터를 뜨시는 주님》에서 가져와 다시 실었습니다. 그 이유는 상담자의 마음과 상처 입은 영혼에 관련된 시들이기 때문에 이 책의 목적성과 맞아서입니다. 그리고 몇 편의 글은 사랑의교회 여러 문서 매체들에 실렸던 것을 조금 수정한 것입니다.

* * *

부족한 글이지만 상담의 길에 첫 발을 디딘 제자를 격려하시고자 흔쾌히 추천서를 써주신 총신대 이관직 교수님께 깊은 감사를 드립니다. 출판을 허락해 주신 크리스챤서적의 임만호 장로님과 편집으로 애써주신 임영주 실장님께도 감사의 말씀을 전합니다. 항상 기도로 후원해 주시는 드보라 기도회와 제자·사역반 여러분께도 진심어린 감사를 드리며, 글을 읽고 조언을 아끼지 않은 친구 경아와 혜윤이에게 고맙다는 말을 전합니다. 양가 부모님을 비롯하여 가족들에게도 감사와 사랑의 마음을 보냅니다. 무엇보다 제 삶의 모든 의미가 되시며 항상 동행하여 주시는 하나님께 영혼 깊은 곳에서 우러나오는 감사와 영광을 올려드립니다.

"편지를 전하니 읽고 그 위로한 말을 기뻐하더라"(행 15:30-31) 말씀처럼 이제 시작되는 부족한 저의 '편지'가 삶의 작은 위로가 되신다면 제게는 큰 기쁨이 될 것입니다.

2011년 깊어가는 가을에
송영주

차례

- 추천사_어관직(총신대 신학대학원 목회상담학 교수)   2
- 첫인사_편지를 시작하며   4

[첫 번째 글] 짧은 편지

생명이란	14
그것으로 만족했으면 좋겠습니다	16
말하지 마세요	18
작은 소망	21
구름 많은 날엔	23
꽃밭	25
눈물	29
산다는 것은	31
징검다리	33
모르는 것에 대하여	35
난 널 특별히 더 사랑한단다	38
결혼 행진곡	42
있는 그대로	44
기쁨과 평안	48
항상 함께 계신 주님	51
숨은 향기	55
하나님 나라의 이상한 공식	58
단풍	61
응답되지 않은 기도	64
어린 미리암의 노래	67
혜윤이를 만나고	71
고난에 대하여	76
내가 두려운 것은	80
오늘의 기도	83
나의 에덴동산	86
빈 무덤을 보고	88
해 질 무렵	90

[두 번째 글] 긴 편지

봄날의 위로	94
내 인생의 등불을 비추시는 주님	98
소쿠리 이야기	1o2
여름에 꾸는 꿈은 초록빛 그리움입니다	1o6
도시락	11o
그림 같은 풍경	113
자전거	116
어린 위로자들	12o
미로 찾기	124
성탄절 카드	127
냄비우동	131
화랑대역에서	134
시장에서	138
아름다운 이웃	14o
보시기에 좋았더라	144
8분 전에 출발한 은혜의 빛	147

● 끝인사 _ 편지를 마치며   15o

[첫 번째 글]

짧은 편지

생명이란

생명이란
돌 틈에서 자라나는 가녀린 풀잎

은혜란
그 풀잎이 먹고사는 이슬 한 방울

감사란
그 풀잎을 오늘도 볼 수 있다는 것

만족이란
그 풀잎이 저 멀리 너른 벌판 부러워하지 않는 것

소망이란
풀잎이 연약한 뿌리로도 낙심하지 않는 것

긍휼이란

그 여린 풀잎 보고 애달파하는 마음

순종이란
기꺼이 나도 돌 틈 사이에서 사는 것

주께서 생명의 길을 내게 보이시리니 주의 앞에는 충만한 기쁨이 있고 주의 오른쪽에는 영원한 즐거움이 있나이다(시 16:11)

그것으로 만족했으면 좋겠습니다

하나님이 아담에게 입혀 주신 가죽옷 한 벌
예수님과 제자들을 실어 나른 배 한 척
엘리야에게 먹을 것을 날라다 준 까마귀
우는 소리로 베드로를 통곡게 한 닭
153마리 물고기를 담아 올린 그물
노아의 손에 120년 간 들렸을 순종의 망치
오병이어의 풍성함을 기억하는 광주리
사드락 과부의 순종을 보여 준 작은 기름병
어린 다윗 손의 물맷돌 다섯 개
삭개오가 올라갔던 돌무화과 나무
마리아가 부었던 향유 담은 그릇
예수님 타실 나귀 묶었던 줄 하나
예수님이 손수 제자들 발 닦이신 대야와 수건
그리고
예수님이 누우셨던 초라한 말구유

✤ 세상엔 숨어서 보이지도 않지만, 아무도 기억하지 못하지만 주님의 뜻을 이루는 데 쓰임 받은 귀한 것들이 많이 있습니다. 나의 삶도 그랬으면 좋겠습니다. 화려하고 빛나지 않아도 쓰임 받는 삶이고 싶습니다.

여호와는 말의 힘이 세다 하여 기뻐하지 아니하시며 사람의 다리가 억세다 하여 기뻐하지 아니하시고 여호와는 자기를 경외하는 자들과 그의 인자하심을 바라는 자들을 기뻐하시는도다 (시 147:10-11)

말하지 마세요
– 참된 위로

누군가 곁에서 힘들어 할 때

하나님의 뜻이 있을 거라 이야기하지 마세요
이 시간은 지나갈 거고
세월이 흐른 후에 하나님께서 합력하여 선을 이루었다고
고백하게 될 거라 하지 마세요

하나님께서는 언제나 가장 좋은 것을 주신다고
말하지 마세요
이 고난이 지난 후에 믿음이 더욱 강건해질 거라고
말하지 마세요
하나님께서 당신을 너무 사랑하여 그런 거라고
말하지 마세요

조금 지나면 정금이 되어 나올 거라고
풀무 불에 들어간 금처럼 불순물은 걸러지고

더욱 순결한 금이 될 거라고 말하지 마세요

다른 사람의 문제들에 비하면
가벼운 거라고 더 힘든 사람을 바라보라고
말하지 마세요

내려놓으라고
다 내려놓으면 그때
하나님께서 일하기 시작하실 거라고 말하지 마세요
저 밑바닥으로 내려가서 자신의 본연의 모습을
볼 수 있는 기회라고 하지 마세요

창조주 하나님의 광대하신 뜻을
피조물인 우리가 감히 어떻게 헤아릴 수 있느냐고,
인내로서 이 순간을 이겨내면
하늘의 상급이 클 거라고 말하지 마세요

나도 고난을 겪어 봐서 잘 아노라고
믿음의 여정엔 늘 있는 것이 고난이라고
말하지 마세요
주님의 고난에 동참하므로 영광이라고 말하지 마세요

성경 속의 요셉도 다니엘도 고난 중에 있었다고
말하지 마세요

빈손으로 왔다가 가는 인생
감사 거리를 찾아 보라,
받은 복을 세어 보라 말하지 마세요

그냥,
아무 말 없이 두 손을 잡고
함께 눈물 흘려 주세요
그것이 지금,
잠깐 동안이라도 웃을 힘이에요
잡은 손의 따스한 체온이 스며들고
그 눈물이 보석처럼 젖어들어
그 영혼이 비로소 조금씩 살아나요

우리의 모든 환난 중에서 우리를 위로하사 우리로 하여금 하나님께 받는 위로로써 모든 환난 중에 있는 자들을 능히 위로하게 하시는 이시로다(고후 1:4)

작은 소망

내가 소망을 갖는 이유는
다른 화려한 꽃들 보며 마음 무거울 때
나의 작은 이파리가 만든 그늘만으로 숨 고르는
벌레 한 마리가 있다는 것,

행여
하나님께서 잠깐 날 잊으신 것 아닐까 서운함이 있어도
어쩌면
내가 놀랄 만한 것을 보여 주실 지도 모른다는 기대와

다른 사람들이 모두들 뛰어가느라
넘어져 있는 내 발을 스쳐가도
되돌아 와 일으켜 세워 주는 커다란 손 하나가 있음에

그러나
그래도 내 영혼 깊은 곳이 어렵고, 어둡고, 가련해서

그저 나날을 조각조각 보내며 한숨 쉴 때

주님 주신 말씀 한 마디에 잠깐의 기쁨을 얻는
그 순간만은 사라지지 않기를

✻ 요즘 우리 집에 개미가 나타났습니다. 개미 잡는 약을 사다 놓고, 음식 부스러기를 떨어뜨리지 않으려고 주의해도 좀처럼 개미들은 사라지지 않고 있습니다. 30년이 넘은 아파트라 어쩔 수 없는지도 모른다고 체념을 해 봅니다.

작은 개미 한 마리를 살짝 손바닥 위에 올려놓아 보았습니다. 개미는 손바닥을 빠져 나가려고 더욱 부지런히 움직입니다. 내가 개미를 개미집으로 옮겨 주려 한다 해도 개미는 나의 의도를 전혀 알 수 없습니다. 단지 부지런히 길 가는데 나타난 갑작스런 방해로 여기 겠지요. 개미는 그것을 고난이라 하겠지요.

우리도 마찬가지인 것 같습니다. 하나님께서 우리를 더욱 안전하고 적합한 곳으로 인도하시려고 잠시 우리를 있는 자리에서 벗어나게 하시지만, 하나님의 그런 의도를 전혀 모르는 우리는 그것을 고난이라 부르지요.

소망 중에 즐거워하며 환난 중에 참으며 기도에 항상 힘쓰며 (롬 12:12)

구름 많은 날엔

구름 많은 날엔 해가 없는 것을 불평하지
해보다 작은 구름 한 뼘에 마음을 이미 뺏기고선
해는 도대체 어디 있냐고 하지

두터운 먹구름이 희미해져
가리웠던 해가 드디어 나타날 때,
구름 뒤에 해가 있었구나
비로소 그렇게 얘기하지

✤ 해가 항상 떠 있는 것을 알면서도 구름이 잠시 해를 가리면, 해가 어디 있느냐고 왜 이리 흐리냐고 불평합니다.

하나님은 나와 늘 함께 계신다는 것을 알면서도, 고난이 찾아오면 하나님은 어디 계시냐고 원망합니다.

삶의 고비 고비마다 하나님이 안 계시는 것처럼 느껴질 때도 있지만, 내가 하나님 아닌 다른 것에 마음 두느라 잠시 하나님을 잊는 순간도 있습니다. 하지만 구름 뒤에 해가 반드시 있듯이 나의 곁엔 항상 하나님이 계셔서 단 한순간도 떠나지 않으십니다.

야곱이 잠이 깨어 이르되 여호와께서 과연 여기 계시거늘 내가 알지 못하였도다(창 28:16)

꽃밭

어릴 적 마당엔
꽃들이 잔치를 벌였단다
봄 여름 가을 철마다 피는 꽃은 다 다르지
봄엔 눈발 같은 매화, 진분홍 철쭉
여름엔 앵두가 수줍게 익고, 땅 위로 기는 키 작은
딸기며 해바라기, 호박꽃까지
가을엔 노란 국화, 하늘하늘 코스모스, 대추도 열렸지

순서 어기는 법도 없이
보고 싶은 꽃도 제 차례를 기다려야 볼 수 있고
앵두가 익으려면 발을 동동
오늘 이만큼 따먹으면 내일 또 그만큼
욕심 대신 소망 있는 기다림을 보여 주지

아이야, 너의 꽃피움을 기대하렴
네 꽃은 언제 필지

봄일지 가을일지 아무도 알 수는 없지만
하나님의 시간표대로 가장 알맞은 시기에 활짝 필 테니까
그 열매도 기대하렴
오늘 다 익지 않아도 내일 또 익어가는 법,
내일 익을 열매 오늘 없다고 속상해 하지 마라
기다린 내일에 그 열매 반드시 볼 수 있지

땅이 스스로 열매를 맺되 처음에는 싹이요 다음에는 이삭이요 그 다음에는 이삭에 충실한 곡식이라 (막 4:28)

❋ 나의 친정집은 40년째 한 자리에 있습니다. 옛 집은 헐고 그 자리에 새로 지은 집도 20년이 넘었습니다. 수많은 일들이 추억이라는 이름으로 시간의 갈피 위에 자리 잡고 있어 친정을 갈 때마다 문득 지난날의 나를 그 속에서 보곤 합니다. 유년의 기억 속에 마당은 늘 함께합니다. 어느 순간 그 마당이 작게 보이기 시작하고, 마당에서 손짓하는 자연들을 무심하게 지나치고 있음은 내가 커버렸다는 증거였습니다.

아버지는 마당에 그네를 하나 달아 주셨습니다. 요즘이

야 동네마다 놀이터가 흔하지만 들판과 골목, 뒷산, 앞 냇가가 놀이터였던 작은 동네에 학교 운동장에서나 볼 수 있는 그네가 집에 있다는 것은 어린 마음에 큰 자랑거리였습니다. 그네 옆쪽엔 커다란 개집이 있었습니다. 그네를 탈 때마다 강아지 졸졸이도 함께 타자는 듯 목이 개집에 묶인 것도 잊고 펄쩍펄쩍 뛰었습니다. 담벼락 아래엔 국화가 만발했고, 길가 쪽 담엔 무궁화가 줄지어 피어 있었습니다. 왁자지껄 이 집 저 집 몰려다니며 마당에서 할 수 있는 놀이들을 실컷 하던 내 기억 속의 마당은 고요와 함성을 동시에 품은 정겨움이었습니다.

이른 아침이면 할아버지께서 싸리비로 마당을 쓰는 소리에 잠이 깨고, 밤이면 풀숲에 숨은 귀뚜라미 울음소리를 들으며 잠을 청했습니다. 마당에서는 철마다 화려한 꽃들의 잔치를 볼 수 있었습니다. 봄엔 눈발 같은 매화, 진분홍 철쭉, 여름이면 땅 위를 기는 키 작은 딸기며 튼실한 호박꽃까지. 가을엔 국화, 하늘하늘 코스모스, 대추도 풍성하게 열렸습니다. 꽃들은 순서를 어기는 법이 없었습니다. 보고 싶은 꽃도 제 차례를 기다려야 볼 수 있었습니다. 지금은 봉오리조차 보이지 않는 것 같아도 결국 가장 알맞은 때에 아름답게 만개하리라는 것을 꽃에게서 배웠습니다.

내가 가장 좋아했던 것은 앵두였습니다. 서너 그루의 작은 앵두나무는 매일 번갈아가며 작은 열매를 익혀 주었습니다. 그릇 한가득 따온 앵두 속의 씨앗을 뱉어가며 초여름의 선물을 누렸습니다. 그토록 작은 앵두가 사과 한 입 베어 물듯 크게 느껴진 시절이었습니다. 어제 이만큼 따먹으면 오늘도 그만큼, 자연은 어김없이 정직한 분량을 내어 주었습니다. 내일은 또 내일 따먹을 앵두를 기다리며 욕심 대신 소망을 가르쳐 주는 자연만큼 겸허한 교훈을 주는 것이 또 있을까요.

주 여호와여 주는 나의 소망이시요 내가 어릴 때부터 신뢰한 이시라(시 71:5)

눈물

하나님은 눈물을 즉시 닦아 주시는 건 아닙니다

오히려
하나님을 찾고 또 찾을수록
한 줄기 눈물을 더 보태
마지막 남은 깊은 샘까지 터뜨린 후에야
비로소
그 눈물이 그치게 됩니다

마치
빈 펌프에 물을 조금 넣었을 땐 아무 변화 없다가
가장 충분한 마중물을 넣은 바로 그때
물이 쏟아지는 것처럼

영혼의 가장 깊은 눈물을 마중하는 눈물을 흘린 후에야
하나님의 은혜도 함께 흐름을 느낍니다

오늘의 눈물은 내일의 은혜를 부르는 마중물입니다

✤ 인생을 살면서 흘리는 눈물은 하나님의 은혜를 마중하는 마중물입니다. 그 눈물엔 주님의 눈물도 함께 들어 있음을 잊지 않았으면 합니다.

나의 유리함을 주께서 계수하셨사오니 나의 눈물을 주의 병에 담으소서(시 56:8)

산다는 것은

주님,
사람들 사는 모습이 모두 안타깝게 보여요
힘든 삶이든 순탄한 삶이든 모두 슬퍼 보여요
여름내 푸르던 이파리들 다 떨구고 서 있는 가로수도
너무나 의연해 보여 오히려 아파요

   내 마음이 너에게로 전해진 거란다
   너는 나의 안에 있고 나도 네 안에 있으니까
   내가 너희를 바라볼 때 그렇게 슬프구나
   내가 사랑하고 사랑하고 또 사랑하여
   내 목숨도 아깝지 않았거늘
   그래도 너희 사는 모습은 여전히 애닯고 슬프구나

주님,
때로는 편한 길 걷고 싶어요

가시덤불 헤치며 걸어가지만
발밑에 뾰족한 돌들마저 걸음을 늦추네요
가끔은 쉬운 길 빠르게 가고 싶어요

    내가 네게 주는 길은 편안한 길이 아니라
    평안을 따라가는 길이란다
    편안하진 않아도 내가 주는 평안 안고 가거라
    네가 가시덤불과 돌들 치우며 갈 때
    나도 그 옆에 함께 있단다

배에서 태어남으로부터 내게 안겼고 태에서 남으로부터 내게 업힌 너희여 너희가 노년에 이르기까지 내가 그리하겠고 백발이 되기까지 내가 너희를 품을 것이라 내가 지었은즉 내가 업을 것이요 내가 품고 구하여 내리라(사 46:3-4)

징검다리

주님의 피조물을 사랑하게 하옵소서
그들이 하루를 견딜 힘을 얻고
두려움 속에서도 웃음 한 번 짓게 하소서

하지만 나 자신도 연약하고 무너지기 쉬우니
주님의 마음을 내 안에 동일하게 품게 하소서

그들이 마음 놓고 디디고 갈 수 있는
징검다리가 되게 하소서
물이 깊어 보여 건너지도 못하고
건너간 그 곳이 낯설까 염려하는 이에게
내가 기꺼이 등을 내어주게 하소서

그 물 건너가면 주님이 계시다고
손짓하는 주님 보여 주는,
물이 흘러가도 따라 내려가지 않는

그런 사랑을 내게 주소서

때로는 내 등이 벗겨지고 상처 나도
주님이 주시는 은혜로 함께 가게 하소서

우리 주의 은혜가 그리스도 예수 안에 있는 믿음과 사랑과 함께
넘치도록 풍성하였도다(딤전 1:14)

모르는 것에 대하여
－고통의 의미를 모를 때

모르는 것은
그냥 둠이 더 좋을지도 모릅니다

내가 알게 되면
그 앎의 무게가 오히려 더 무거울까 봐
모르는 게 나을 수도 있습니다

모르는 것은
모르기 때문에 의미가 있을지도 모릅니다

내가 안다면
모르는 게 존재할 수도 있다는
피조물의 겸손조차 잊게 될 수도 있겠지요

내가 모르기에
덜 위험하고, 덜 불안할 수도 있습니다

내가 안다는 게 또 다른 고통을 가져올 수도 있으니까요

참 다행인 것은
모든 것을 아시는 분이 계시다는 것입니다
그분의 뜻 안,
그 안에 있다는 것만이 축복일 수 있습니다

✣ 사탄이 하나님께 욥을 시험해 보자고 제안한 것을 욥이 미리 알았더라면 욥의 시험은 무효였을 것입니다. 하늘에서 무슨 일이 벌어지고 있는지, 지금의 고난 속에서 자신의 미래가 어떻게 될지 아무것도 몰랐기에 욥은 그 순간을 그저 견디어야 했습니다.

아무것도 모르지만 하나님을 묵묵히 신뢰한다는 것, 그것이 이 세상에 살면서 가장 힘든 일일지도 모릅니다. 결말을 아는 고난은 이미 고난이라고 할 수 없습니다. 끝을 향해서 그저 견뎌내면 되니까요.

예정되어 있는 고통이라면 그 끝남의 후련함을 기대함으로 현실의 고통을 잠시 유보할 수 있습니다. 아무리 훗날에 정금같이 된다 할지라도, 지금 힘든 모든 것들은 시간마다 겪어 내야 하는 것이지 그냥 뛰어넘을 수는 없습니다.

하나님께서 허락하신 고통 때문에 하나님을 원망하면서도 하나님

밖에는 의지할 곳이 없는 처절한 인간의 고독, 그것이 인생의 모순이면서 진리입니다.

하늘이 땅보다 높음같이 내 길은 너희의 길보다 높으며 내 생각은 너희의 생각보다 높음이니라(사 55:9)

난 널 특별히 더 사랑한단다
–하나님이 입양 아기에게

난 특별히 널 사랑했지
네 영혼을 만든 날
어디로 널 보낼까, 널 품에 꼬옥 안고
마음에 깊이 생각했지

네게는 아직 이야기 못할 나의 뜻으로
육체의 부모 외에 한 부모에게 안겨 주었지
왜 나는 낳은 부모와 길러 준 부모가 다르냐고
너는 붉은 눈망울로 내게 묻지
내가 해 줄 대답은 오직 하나,
난 널 누구보다도 특별히 사랑한단다

그래서 너는 부모가 셋이란다
육신의 부모와 가슴의 부모,
그리고 영혼의 부모인 나까지

그것이 널 눈물짓게 하였어도
그 눈물은 천국에서 닦아주마
네 깊은 눈물로 다른 가여운 영혼 위해
널리 쓰임 받으리라

너는 내 아들(딸)이고, 예수가 네 형제임을 기억해라
세상에서 네가 거한 곳은 그만큼 잠깐이라

네 눈물과 네 육신의 부모의 눈물과
가슴의 부모 눈에서 흐르는 맑은 눈물은
나의 눈물병에 담아
낮에는 꽃향기로, 밤에는 별빛으로 세상에 보낸다

�֎ 사랑의교회 토요 뉴스레터 취재차 김 권사님을 처음 만났습니다. 권사님은 당신의 자녀들이 이미 성인이 된 중년기에 서너 살짜리 여자 아이 둘을 입양했고, 그 아이들도 이젠 성인이 되었습니다. 친자녀도 버거워하는 세상에서, 자신에게 좀 더 여유로운 시간을 허락할 나이에 어린 아이를 둘이나 입양하다니 그 붉은 사랑의 끝은 어디일까

놀랄 수밖에 없었습니다.

취재가 인연이 되어 입양 모임의 책을 만드는 것을 도와드리게 되었고, 그때 권사님 같은 분을 여러분 만날 수 있었습니다. 그분들을 보면서 세상에서 가장 고귀한 사랑은 바로 입양이라는 생각을 했습니다. 어느 충만한 사랑도 입양아를 자기 자녀 삼는 사랑을 따라오지는 못할 것 같습니다.

권사님은 그 후 위중한 병을 얻으셨는데, 그 소식을 듣고 하나님께 여쭐 수밖에 없었습니다. 누구라고 피할 수 있는 이유가 있는 것은 아니지만 왜 그분일까 하고요. 그러나 하나님은 여전히 침묵하시고 그 이유를 저는 알 수 없습니다.

하지만 이것 하나는 알 것 같습니다. 그분이 입양아에게 준 특별한 사랑을 하나님께서는 반드시 기억하신다는 것을요. 보이지도 않는 하나님이 기억하시는 것이 뭐가 그리 중요할까 하는 사람도 있을지 모르지만, 이 땅에서 벌어지는 모든 일들의 무게의 경중은 이 땅에서는 측정할 수 없습니다. 하나님이 창조하신 사람을 사랑한 그 마음을 어찌 하나님께서 모르시겠습니까.

권사님 문병을 마치고 전철에서 내려 집으로 향했습니

다. 골목 길에 들어서니 과일 트럭 하나가 늘 있던 자리에 있었습니다. 아저씨는 간이 의자에서 졸고 계시고, 트럭 짐칸의 바구니마다 작은 탑처럼 쌓아올린 사과를 보는데 갑자기 눈물이 났습니다. 붉은 물이 뚝뚝 떨어질 것만 같은 탐스러운 사과를 보는데 왜 눈물이 날까 생각해 보았습니다. 아마도 세상의 어떤 것도 지금 보이는 저 사과처럼 온전한 모습으로 남지 못함에 대한 슬픔인 것 같습니다. 붉고도 붉은 마음들과 생생한 기운들은 세월 따라 시들어 가고, 언제 붉은 적이 있기나 했나 하는 모습으로 아프고 병들어 갑니다. 모두들 조금만 덜 아프고 덜 고통스러웠으면 좋겠습니다.

하나님 아버지 앞에서 정결하고 더러움이 없는 경건은 곧 고아와 과부를 그 환난 중에 돌보고……(약 1:27)

결혼 행진곡

신랑은 신부가 세상에 나기 전부터 반했습니다
신부를 맞이하기 위해
수많은 모욕과 수치와 고통과 피 흘림쯤
기쁨으로 감당했습니다

넘치는 사랑으로 신부에게 다가가
함께 가자, 함께 살자 수없이 청혼했지만
신부는 신랑을 못 알아보고
거절하고 외면하였습니다

세월이 많이 흐른 후에,
신랑이 얼마나 희생적인 사랑을 하고 있는지
알아차린 후에야 비로소
신부는 신랑의 손을 잡았습니다
그 손을 잡고 나서야
이제껏 살아왔던 의미가

신랑을 만나는 데 있었다는 것을 알았습니다

신랑 손을 잡고 나서 신부는
세상이 전부 달라 보였고
삶의 목적과 뜻을 드디어 찾았습니다

수줍은 걸음으로 한 걸음씩 행진할 때
흰옷 입은 천사들이 기쁜 나팔 불어줍니다
이 좋은 날을 더 일찍 가졌더라면 하고
신부는 살짝 후회도 했습니다

이 땅에서의 약속된 시간이 다 하도록
그리고 저 영원한 나라에서 더 긴 세월
사랑하는 신랑이신 예수님과
신부는 발맞추어 걸어갑니다

✤ 우리 모두는 주님의 신부입니다.

나의 사랑, 내 어여쁜 자야 일어나서 함께 가자(아 2:10)

있는 그대로

있는 모습 그대로 다른 이를 바라보아요
나의 눈금자는 치우고 그냥 들어 주세요
나라고 그럴 자격이 있나요
나의 있는 모습 그대로 주님이 받아주셨듯이
다른 사람도 지금 그대로 보아주세요

오래 묵은 사연들이
조금은 비뚤어지고 어그러진 채
밖으로 나오는 것이라 해도
그대로 받아주세요
나는 그렇게 할 능력이 없으니
주님께 도움을 청해야지요

내 생각과 다르다고 틀린 것은 아니지만
그의 말짓과 몸짓은 마음을 보여 주는 유리예요
거울처럼 바깥만 비추면 알아채지 못할 텐데

그는 그러지도 못한 거예요

주님도 그러셨지요
저 좋은 소견대로 행하는 모든 사람들을
용서하고 사랑하셨지요
주님이 먼저 날 품으셨기에
나도 다른 사람을 있는 그대로 품어야지요

✺ 저는 장갑이에요. 겉은 가죽으로, 속은 천으로 만들어진 이중 장갑이라 아주 따뜻하지요. 그런데 누군가 저를 만들다가 그만 무슨 사정이 있었나 봐요. 제 왼쪽 속이 엄지 부분 빼고는 다 막혔지 뭐예요? 겉보기엔 손가락 장갑인데 안쪽은 벙어리 장갑인 거지요.

그래도 전 누군가의 차가운 손을 따뜻하게 해주고 싶었어요. 그래서 늘 그 누군가를 기다렸지요. 절 끼워 보는 사람들마다 마음에 들 수 있게 애써 몸을 쭈욱 펴 보았지만 다들 손을 제대로 못 끼우겠다고 다시 내려놓곤 했어요. 제가 있는 작은 시장엔 참 많은 사람이 오고 갔지만 저는 점점 아무도 눈여겨 보아주지 않게 되었어요.

며칠 전엔 오랜만에 저를 집어 드는 손님이 나타났어요. 그분은 척 보기에도 손이 참 작아 보였어요. 저를 손에 끼웠어요. '야호, 드디어 주인을 만나는구나.' 저는 환호성을 지르고 싶었지만 꾸욱 참았지요. "모양은 날씬하고 예쁜데 손가락이 잘 안 들어가네요" 하며 그분이 저를 내려놓을 때 전 그만 울고 싶었어요. '난 이제 어떻게 해야 하나, 주인을 못 만나니 버려지는 것은 아닐까?' 가게 주인이 어떻게 하실지 눈치를 보며 가슴이 조마조마했지 뭐예요. 그런데 우리 주인은 저를 툭툭 털더니 그냥 제자리에 놓아 주었어요. '누군가 이 장갑이 맞는 사람도 있겠지' 혼잣말을 하시면서요.

그러던 어느 날이었어요. 어느 아주머니가 조심스럽게 저를 들더니 손에 끼워 보았어요. 제대로 된 오른쪽 말고 속이 막힌 왼쪽 장갑이 아주머니 손에 끼워질 땐 얼마나 가슴이 두근거리는지 저도 깜짝 놀랐다니까요. 아주머니가 무슨 말을 하실까 궁금해 하며 눈을 꼭 감고 있는데, 어머, 글쎄 아주머니가 너무 환하게 웃으시는 거예요. "공장일 하다가 내 왼손의 손가락이 잘렸는데 이 장갑은 누군가 마치 날 위해 일부러 만든 것 같네요. 겉보기엔 손가락 장갑인데 안에는 막혀 있어서 맞춤 같아요. 이 장갑 제가 살게요."

저는 뛸 듯이 기뻤어요. 전 이제 조금도 외롭지 않아요. 더 이상 슬픈 눈으로 먼 데 보며 기다리지 않아도 된다구요. 새 주인이 된 아주머니 손에 꼭 끼워져 항상 따뜻하게 해 드릴 거예요. 아주머니도 날마다 절 끼고는 잘 벗어 예쁜 화장대 위에 놓아 주고 계세요. 우린 서로에게 꼭 맞아요!

사랑 안에 거하는 자는 하나님 안에 거하고 하나님도 그의 안에 거하시느니라(요일 4:16)

기쁨과 평안

빛 되신 주님 만나고 나서 빛나는 삶 되길 원했습니다
모든 길에 막힘이 없기를 바랐습니다

세월을 배워 간 후엔
빛나지는 않더라도
굴곡 없고 평범하기만을 바라기도 했습니다

내 사는 모습 보고 사람들이 하나님을 찬미하는
그런 삶 되면 좋겠다고 생각했습니다
하나님 믿는 분량만큼
내 삶의 겉모습도 찬란하길 바랐습니다

하지만 누구나의 인생도 그러하듯이
삶의 모퉁이마다 얼룩진 눈물의 흔적은
빛바랜 창호지 속 낡은 나뭇잎처럼 그렇게 짙었습니다

마음속으로는 아직도 외칩니다
하나님이 해 주셨다고 해야 하지 않나요
하나님이 해 주실 거라고 말해야 되지 않나요
하나님 믿는 내 어깨가 가끔은
자랑으로 우쭐거려야 되지 않나요

하지만 다시 알아갑니다
하나님이 원하시는 내 삶의 분량은
나 보기에 남 보기에 빛나는 가공된 유리가 아니라
갈아지고 닳아져서 모든 것을 비출 수 있는
그런 돌이 되어야 함을
믿는 자의 삶의 모습은 쉬운 것이 아니라
어려움 중에도 남모르는 기쁨으로 비밀스레 웃는다는
것을요

그래요,
아직도 제게는 가진 것이 너무도 많군요
투정 부릴 수 있는 사치마저 내려놓고
나 아닌 나의 모습으로 바꾸어 주소서
그것으로 평안의 선물을 받겠습니다

✤ 지나간 시간에 대한 감사, 지금 이 시간에 대한 자족, 앞으로 펼쳐질 시간에 대한 신뢰, 이 세 가지가 기쁨과 평안의 비밀입니다.

내가 이것을 너희에게 이름은 내 기쁨이 너희 안에 있어 너희 기쁨을 충만하게 하려 함이라(요 15:11)

항상 함께 계신 주님

돌아보면
지나온 시간의 마디마디마다
슬픔과 고통은 언제나 있었습니다

오직 주님만 바라보게 하시려는 듯
지금도 슬픔과 고통은 함께합니다

하지만 압니다
외로이 불 켜고 들어온 방에서나
두 손으로 망원경 만들어 눈가에 대고
저 멀리 엄마 오시는지 기다릴 때나
늙으신 할머니 작아진 뒷모습 바라볼 때나
친구들과 괜스레 비 맞으며
아스팔트 위를 뛰어볼 때도

쓸쓸한 소식 잊으려 먼 들판 눈 위를

홀로 걸어가고
큰 비 온 뒤 불어난 개울에 두 다리 담그고
흘러가는 물살 지켜볼 때도
버스 타고 창 밖 보며 그리움을 세어 볼 때도

늘 주님이 함께 계셨음을 압니다

단지 지금 힘든 것은,
주님이 보여 주실 그 길이 잠시 안 보여서
나중에 보게 될 길들을 조바심 내느라
슬픔을 스스로 부르나 봅니다

❦ 5살 때쯤인 것 같습니다. 부모님은 출근하시고, 돌봐 주시던 고모님도 어디 가셨는지 혼자 남은 나는 이웃집에 놀러갔다가 돌아오는 길에 비를 만났습니다. 막 뛰어서 대문 안에 들어와서는 현관문 앞에 서서 비를 바라보며 울었습니다. 요란한 천둥소리와 함께 번개도 번쩍이고, 마치 하늘이 뚫린 것처럼 쏟아지는 큰 비는 처음이라 더욱 무서웠습니다. 현관문이 잠겨서 집안으로 못 들어갔던 것인지,

집안에 아무도 없으므로 안 들어간 것인지는 기억나지 않습니다.

비를 바라보며 울다가 문득 '하늘에서 내리는 비랑 마당을 쓰는 비랑 똑같은 소리를 내네……'라는 생각이 들었습니다. 그러자 언제 무서워서 울었는지도 모르게 울음을 그치고 웃을 수 있었습니다. 지나가는 소나기였는지 잠시 후 비도 그쳤습니다. 소매로 눈물 한 번 쓱 문지르고 다시 나가서 놀았습니다.

큰 비가 오거나 천둥이 칠 때 가끔 다섯 살 때의 작은 아이였던 내 모습이 떠오르곤 합니다. 그때 웃음으로 비 오는

기억이 마무리되지 않고, 무서움에 계속 울기만 했더라면 나는 아마 비 오는 날을 좋아하지 않았을지도 모릅니다.

    나중에야 알았습니다. 내가 뒤늦게 만난 하나님은 그때도 날 지켜보고 계셨고, 어린 꼬마의 무섭고 외로운 마음을 웃음으로 바꾸어 주셨다는 것을요. 내가 주님을 알지 못했을 때도, 아직 주님을 찾지 않았을 때도 주님은 곁에 계셨습니다.

우리가 다 그의 충만한 데서 받으니 은혜 위에 은혜러라(요 1:16)

숨은 향기

빛나지 않아도 빛을 내는
숨은 돌 하나는
돌담길 모퉁이에서
솔이끼에 제 몸 다 내주고도
허허 그저 웃음 짓는다

모두들 제 갈 길 찾아
걸음 재촉하며 떠나가고
푸른 산그림자 발치를 덮을 때
이끼 하나라도 차가울까
온몸으로 받아 준다.

30년도 더 된 그 시절, 집에서 초등학교까지 1킬로미터 정도 되는 길이 내겐 작은 풀잎 하나 돌멩이 하나도 모두 의미있게 다가왔습니다. 주택가를 지나 졸졸 흐르는 개울 위의 조그만 다리를 건너면

군인 아파트와 중학교가 있고, 또 작은 밭을 지나면 초등학교였습니다. 왕복 2차선 아스팔트 길이 지루해질 때면 다리 옆으로 나 있는 오솔길로 갔습니다. 그곳에는 산이라 하기에는 낮고 언덕이라 하기에는 높은 조그만 산이 있었습니다.

그곳에서 나무 뿌리가 어떻게 계단 역할을 해 주는지, 사람들이 많이 다니면 어떻게 길이 나는지 직접 보아 알았습니다. 늘 푸른 나무와 낙엽이 지는 나무, 꽃이 피는 나무와 열매 맺는 나무들을 보며 자연의 신비를 느꼈습니다. 때로는 작은 산 너머 더 멀리 작은 개울을 건너기도 했습니다. 돌아가느라 집에 도착하는 시간이 더 늦어졌지만, 많은 것을 직접 보고 만지고 느끼는 경험은 얼마든지 시간과 바꿀 수 있었습니다.

모두들 익숙하고 쉬운 길이 빠르다고 말하지만, 우리 삶 속에는 먼 길이 때로는 지름길이 되는 역설이 숨어 있기도 합니다. 작은 새의 조랑조랑 울음소리, 이름 없는 꽃들이 소리 없이 웃을 수 있다는 것, 모두 내가 산길을 돌아갔기에 알 수 있었던 것입니다.

하나님께서 지름길을 두고 멀리 돌아가게 하심은 그 도는 길 굽이굽이마다 하나님께서 보여 주고 싶은 것이 있으시다는 뜻이겠지요. 때로 주저앉게 하시는 것은, 서 있을 때는 내 눈앞의 담장만 보게 되지만 앉아 있으면 고개 들어 하늘 보기 쉬운 까닭이지요.

여호와 그가 네 앞에서 가시며 너와 함께하사 너를 떠나지 아니하시며 버리지 아니하시리니 너는 두려워하지 말라 놀라지 말라(신 31:8)

볼지어다 내가 세상 끝 날까지 너희와 항상 함께 있으리라(마 28:20)

♥ 하나님 나라의 이상한 공식

죄인만 들어올 수 있다
천국의 자격증은 죄인이다

형통한 자의 성적이 더 나쁘다
고난 받은 자가
하나님의 율례를 더 잘 알 수 있다

낮은 곳으로 갈수록 점점 커진다
나중 된 자가 먼저 되고
가진 것은 나눌수록 도리어 많아진다

눈에 보이지 않는 것을 믿는 것은
어리석음이 아니라
진정한 지혜이다

내 문제의 해결은 내가 하지 않는다

하나님께 맡긴다

슬픔이 아닌 기쁨 때문에도 눈물이 난다
아무리 많은 것을 안다 해도 하나님을 모르면
아무것도 모르는 것이다

들보가 낀 눈으로도 남의 티끌을 볼 수 있다

약해 있을 때 강함을 주시고
약한 자가 사용되어 강한 자가 부끄러워진다

선 줄 아는 자는 넘어지기도 잘한다
내 안의 '내'가 비워질 때 하나님이 일하신다

고난 없이 형통하다면 슬퍼해야 한다
하나님이 덜 사랑하는 것인지 모르기 때문이고
고난의 유익을 절대 알 수 없기 때문이다

내가 죽으면 비로소 산다

✖ 하나님 나라의 공식은 참 이상도 합니다. 세상적인 관점으로는 그렇게 살면 안 되는 것 같은데, 하나님께서 원하시는 삶은 내 생각과는 참 다른 것이 많습니다. 그것은 이 땅에서의 삶이 전부가 아니라는 것을 알려 주고 싶은 하나님의 마음이겠지요.

하나님께서 세상의 미련한 것들을 택하사 지혜 있는 자들을 부끄럽게 하려 하시고 세상의 약한 것들을 택하사 강한 것들을 부끄럽게 하려 하시며(고전 1:27)

단풍

유난히 빨간 단풍 하나,
너무도 붉은 것이 오히려 눈물짓게 할 줄 모르고
검은 아스팔트 위에 붉게 놓여 있다

내 마음도 가을 따라 깊어져서
더욱 진하게 될수록
빨간 물이 뚝뚝 떨어질까
차마 누르지도 못하고
잿빛 하늘만 시리게 쳐다본다

세월이 아주 많이 흐른 후에
그 붉은 마음 놓인 자리
주님 주신 사랑으로
다 녹아졌다 말하겠지

✖ 다 떨구어 낸 나무만이 새 잎을 낼 수 있습니다. 나무는 한껏 안고 있던 나뭇잎들을 한 올도 남기지 않고 다 떨어뜨린 후, 그것이 발치에 쌓여 새로운 나뭇잎을 만드는 거름이 됩니다.

빈 가지의 시간이 없다면 갈색 마른 가지에서 새로 나오는 연초록 잎이 그토록 기특해 보이진 않을 것입니다. 내가 한껏 안고 있는 것들을 다 주님 앞에 내려놓으면 그것이 쌓이고 쌓여 나를 자라게 합니다.

봄이 되면 돋아 나올 나뭇가지의 푸른 새 잎은 그 속에 다시 싹을 틔우리라는 소망과 의지가 있어야 합니다. 밖으로 잎을 내려는 내부의 열망이 없다면 누구도 밖에서 일부러 잎을 꺼낼 수 없습니다.

아기 손톱보다도 작던 잎들이 손바닥만 해져 가는 자연의 순하디 순한 섭리를 늘 당연한 듯이 바라보지만, 그것이 바로 기적일지도 모릅니다. 겨울의 회색 나무를 보면 저렇게 고운 빛이 숨겨져 있다는 것을 짐작하기 어렵지요.

눈에 보이지 않아도 나무 속에서 생명은 이렇게 초록으로 흐르고 있습니다.

……솔로몬의 모든 영광으로도 입은 것이 이 꽃 하나만 같지 못하였느니라(마 6:29)

응답되지 않은 기도

주님, 이렇게 하여 주옵소서
저의 뜻이 부디 주님의 뜻이길 원합니다
  그것은 나의 뜻이 아니란다
  나의 뜻을 구한다면서
  너의 원대로 채우고 싶어 하는구나

주님, 제가 원하는 것은 이것이 아니었습니다
생각지도 않은 방향으로 왜 저를 인도하시나요?
  지금 눈에 보이는 것만으로
  내게 원망을 쉬 드러내지 마라
  조금 더 시간이 흐른 후에
  내가 인도한 것이 더 나은 길이었음을
  알게 될 것이란다

주님, 조금만 덜 힘들게 조금만 더 풍요롭게
그렇게 하여 주시면 안 되나요?

그 '조금만 더'가 네게 독이 될 수 있기 때문이란다
네 쓸 것이 이 땅에서 풍성치 않아도
네 고통이 좀처럼 끝날 것 같아 보이지 않아도
네 힘든 시간이 더디 가는 듯하여도
잊지 말아라, 너는 나를 가졌단다

그래요 주님,
주님만 더 알길 원합니다
주님 안에서 느끼는 기쁨만으로 만족하길 원합니다.

그래,
그것이 내가 네게 주는
기도의 궁극적 응답이란다

✤ 많은 기도가 응답됩니다. 하지만 더 많은 기도가 응답되지 않습니다. 기도가 응답될 때 감사하게 됩니다. 하지만 기도가 응답되지 않을 때 더 감사해야 합니다. 하나님께서 하나님의 방법으로 일하심을 볼 수 있는 좋은 기회이니까요. 진정 주님 한 분만으로 만족할 수 있다면, 주님 이외의 것은 보너스로 갖게 되는 감사거리이지요. 그러나 가진 것에 대한 감사와 자족보다, 갖지 못한 것에 대한 아쉬움과 욕망이 나를 힘들게 합니다.

다른 것과의 비교가 없으면 내가 가진 것의 상대적 값어치를 모를 텐데, 비교로 인해 상실감과 열등감이 시작되고 욕망이 꿈틀대며 드러나기 시작합니다. 주님 외의 다른 모든 것은 인생을 살아가는 데 수단일 뿐인데도 때로는 수단이 목적의 자리에 앉기도 합니다.

내가 너를 구속하였고 내가 너를 지명하여 불렀나니 너는 내 것이라 (사 43:1)

어린 미리암의 노래

내 동생이 누워 있는 이 갈대상자
엄마가 몇날 며칠 동안 만드셨지요
역청을 바르고, 나무진을 칠하고
마르면 또 칠하는 것을 오래 되풀이 하였지요
아기를 그 안에 눕혀 보곤
'꼭 맞구나, 크지도 작지도 않아'
우리 아기가 편안하고 더 안락하도록
부드러운 사포질도 했지요

갈대상자가 다 완성되고
엄마는 아기에게 한 땀 한 땀 손수 지은 옷을 입혀
마지막 젖을 물렸지요
아버지도 오빠 아론도 번갈아가며
예쁘디 예쁜 내 동생 마지막 입맞춤을 했어요
강가 갈대숲에 아기를 안고 와서
조심스레 갈대상자에 눕히고는 강물에 띄웠지요

강물 따라 흐르고 흐르는 아기 상자를
더 이상 볼 수가 없어
강물만큼 굵은 눈물 흘리던 엄마는 뒤돌아 가시고
내가 동생을 따라왔어요
저 멀리 여인들이 강가에 있는 것을 보고
내 동생이 거기까지 무사히 가면 좋겠다는 마음에
상자가 갈대에 부딪혀 못 나아가면
손으로 살짝 밀어 주었지요

갈대상자가 여인들 사이에 다다랐을 때
나는 가슴이 두근거려 견딜 수가 없었어요
제발, 누군가가 제 동생을 데려가 길러 주세요
이렇게 예쁜 아기 처음 본 것처럼
마음이 동하여 데려가게 해 주세요
그렇지 않으면 저 멀리 홍해로 아기는 흘러가요

한 귀부인이 내 동생을 안아 올렸고
그분이 공주님인 것을 알고는 난 깜짝 놀랐지요
공주님은 동생을 마음에 쏙 들어 했어요
우리 엄마만큼은 아니지만
마음이 따뜻해 보여

갈대숲에 숨어 있던 나는 용감하게 나왔어요
"혹시 유모가 필요하면 제가 아는 분이 있어요"
공주님은 쾌히 승낙하셨고
나는 한달음에 엄마를 모셔왔지요
엄마는 너무 놀라 말도 하지 못하셨어요
"고맙구나, 잘했다. 미리암"
그 한 마디에 저도 눈물이 날 만큼 기뻤어요
내 동생은 공주님 아들로 살면서

엄마와도 다시 만날 수 있었지요
이것은 오직 하나님만이 하실 수 있는 일이었어요

갈대상자 속에 누워 있던
예쁜 내 동생 이름은 모세랍니다

✽ 성경의 출애굽기를 읽는데, 남자 아기를 모두 죽이라는 바로 왕의 기막힌 명령을 따를 수밖에 없었던 이스라엘 백성들의 처연한 고통이 느껴졌습니다.
마치 사방이 막혀 있는 갈대상자에 담겨 내 의지와 상관 없이 강물 따라 흘러가는 인생이라 느껴질 때가 있습니다. 그러나 모세에게 그러하셨듯이 하나님의 돕는 손길이 반드시 함께하심을 믿기 때문에 힘을 얻습니다.

그의 이름을 모세라 하여 이르되 이는 내가 그를 물에서 건져 내었음이라 하였더라 (출 2:10)

혜윤이를 만나고

혜윤아,
고등학교 2학년 기말고사를 앞둔 어느 날
도립 도서관 벤치에서 초겨울 나무의 빈 가지를 보며
잠시 침묵이 흐른 후
아마 좁은 길을 가야 할 것 같다는
너의 놀라운 고백이 있었지
나는 어느 가수, 너는 어느 프로야구 선수를 좋아하던
평범한 여고생이었는데
네가 가야 할 길이 범상치 않음을 알고
나는 무척 당황했지

네가 두 어깨에 묵직한 고독을 담고 쓸쓸히 걸을 때
나는 리어카의 천 원짜리 귀걸이 고르며
마냥 웃고 있었구나
네가 십자가의 주님처럼 절박함에 몸부림칠 때
나는 위로받을 무언가를 찾는다는 핑계로

커피숍에 앉아 시간만 보내고 있었구나
네가 눈물로 밤을 뿌옇게 지새울 때
나는 이리저리 의미 없이 거리를 다니며
무엇을 먹을까 무엇을 입을까
그런 걱정에 세월을 보냈구나
네가 찬송가 부르며 하나님을 경배할 때
나는 해바라기, 이문세 노래 들으며
낭만을 누림이 특권이라 외쳤구나

우리가 들로 산으로 거리로 쏟아져 나와
젊음을 주체 못한 철없는 세월을 헤맬 때
너는 주님이 주신 말씀 속의 진리 찾아
땀이 핏방울이 되도록 진통하는 시간을 보냈구나
너의 슬픔과 고통을 이해하지 못한 20세의 나는
네가 삶과 치열한 전투를 벌일 때
아직도 삶의 문턱을 넘어서는 것을 두려워하며
멀리 도망가고 싶어 했었구나
네가 주님의 흔적을 찾아
먼 이국 땅 빈 방에서 몸부림칠 때
우린 시집가고 장가가고 자식 낳고 그렇게 살았구나

마치 20년의 세월을 책갈피에 접은 것처럼
진초록색 교복의 여고 시절, 그때가 생생한데
점퍼 스커트 앞주머니에 두 손을 넣고
큰 눈을 꿈뻑이던 커트 머리의 너
웃을 때의 특유한 표정은 열일곱 그때와 다를 게 없는데
수많은 세월 동안
서로 각자의 삶 속에서 만난 주님만 붙잡고 살아왔구나
벚꽃이 비처럼 찬란하게 내리던 교정,
그때가 그토록 그리운데
깔깔거리며 떠들던
이렇게 너를 다시 만나 고맙고 기쁘다

그때보다 훨씬 여윈 모습이지만 그래도 난,
너에게서 마리아의 모습을 보았다
마리아가 순전하게 주님 말씀에 순종한 것처럼
그런 모습으로 내 앞에 있어줘서 고맙다
20년을 뛰어넘어 사십 대가 되어
그때는 알지 못한 세상을 알고
이제 이렇게 만날 수 있음에 고맙고 기쁘다

우리는 너무도 다른 삶을 산 것 같으면서도

서로의 지점에서 바라보는 한 곳을 향해 걸어오다가
드디어 만난 것이로구나
우리가 혹시 너무 다른 길을 걸었기에
만나면 무슨 말을 할까 잠시의 우려는 기우였구나
밤을 새도 모자랄 대화의 아쉬움은
오늘 작별 인사 뒤에 흘려보내고 다음을 기약했지

더 맑고 깊게 있어 주어 고맙다
진한 고독의 밤을 보내고 내 앞에 있어 주어 고맙다
고난과 고통이 날실과 씨실의 역설이 되어
너의 섬세하고 부드러운 미소를 만들었구나
네가 찾아오신 주님 덕분에
처절한 영혼의 전쟁을 끝냈듯이
내게도 그런 날이 있었단다
각자 다른 삶 속에서 만지시고 빚으시며
손잡아 이끌어 주신 그 눈부신 시간이 있었음이
고맙고 기쁘다

너의 깊은 눈동자는
너무도 많은 하나님의 이야기를 담고 있고
그 소중한 샘에서 퍼내어 줄 많은 것을 가지고 있구나

너는 너의 시간을 손으로 하나 하나
살아 있는 시간으로 만들며 장하게 살았구나
공부와 고독과 씨름하며 주님의 마음을 읽어 냈던
네 표정과 미소가 너의 세월을 말해 주고
그것이 아름다워 눈물이 난다

2시간의 짧은 만남으로
지나간 20여 년을 다 이야기할 수는 없었지만
네 영혼의 유리알 같은 부분을 보게 되어 고맙다
빈 껍질만 만지는 듯한 대화들에 지친 나는
이러한 만남을 얼마나 기다려 왔는지
투명하고 온유하게 너의 영혼을
한 겹 한 겹 보여 준 값진 대화는
내 머릿속에 저장하고
재생 단추를 누르고 또 누를 만큼 소중했다

혜윤아, 너는 주님이 내게 주신 성탄 선물이로구나
눈길을 뚫고 또다시 4시간을 버스로 달려 내려갈
너의 뒷모습이 슬프도록 아름답다
이제는 헤어지지 않고 남은 인생
함께 갈 수 있음에 고맙고 기쁘다

고난에 대하여

사랑의 주님,
나만 힘들다고 생각했습니다
일상의 사소한 일도
왜 내겐 짐이 되는 걸까 생각했습니다
다른 사람들에겐
일어나고 있지 않아 보이는 일들이
내겐 하루하루 작은 사건처럼 일어난다 생각했습니다
내가 가진 세상의 관심만큼
고통은 같은 부피로 나를 누르곤 했습니다

때로는 세상의 무게가 벅차올라
산다는 것조차 짐스러운 적도 있었습니다
때로는 질병과 슬픔과 각종 질고들이
그림자처럼 짙게 드리워져
이 터널만은 나가고 싶다고 원망도 했습니다

나의 멍에는 무겁고
나의 십자가는 버겁다고 생각했습니다
주님도 갖고 싶고,
세상도 갖고 싶었습니다

바로 그거였습니다
내가 이 세상에서 고통 받는 건……
주님도 너무 사랑하지만
세상도 너무 사랑한 때문이었습니다

이제는 알 것 같습니다
세상 것을 사랑하지 말라,
그리하면 네 안에 내가 없노라 하신 말씀을

내가 육신에, 물질에, 가족에, 세상에
더 마음을 두고 있는 한
그것들은 나를 가두는 거미줄이 될 뿐입니다
그 안에서 나는 나오지도 못하고
내가 발버둥치는 만큼
더욱더 나를 옭아매지요

하지만 사랑의 주님,
주님과 함께 진 멍에는 가볍다 하셨습니다
주님께서 먼저 기꺼이 십자가를 져 주셨기에
주님과 함께 지는 십자가는 오히려 은혜입니다

이제 고난을 가져가 달라고
내겐 고난 대신 순한 바람만 불어 달라고
기도하지 않겠습니다
대신 고난을 능히 이길 힘과
고난 중에도 감사할 줄 아는 마음 달라고,
고난과 함께 주님께 더 가까이 가겠다고
그렇게 기도합니다

주님,
항상
그 자리에 계셔 주심으로 감사합니다
제가 멀리 갔다 와도
돌아온 탕자처럼 먹먹해진 가슴을 파묻어도
주님은 늘 크신 사랑으로 안아 주셨습니다

제가 낙심되어 나락으로 떨어질 때

크신 주님은 두 손 펴서 받으셨습니다
다른 사람 모두 외면해도
주님만은 단 한 번도
뒷모습을 보이시지 않으셨습니다

사방에서 우겨쌈을 당하여도
하늘문은 빛으로 늘 열려 있었습니다
'네가 아프니 나도 아프다'고
내 가슴에 주신 음성
뜨겁게 안고 살겠습니다

이 땅에서
나의 형편을 가장 잘 아시는
주님 때문에 기뻤노라고 고백하는 삶 되려구요
주님과 함께 날아오르는
내 어깨 위의 작은 날개,
주님 보아 주세요

고난 당한 것이 내게 유익이라 이로 말미암아 내가 주의 율례들을 배우게 되었나이다 (시 119:71)

내가 두려운 것은

내가 두려운 것은 환난이 다가올 때
주님 사랑 의심할까봐입니다
내가 두려운 것은 어려운 일 속에서
주님보다 그 일이 더 크게 보일까봐입니다
내가 두려운 것은 힘든 일 만날 때에
주님 의지하지 않고 주저앉을까봐입니다
내가 두려운 것은 홀로 남은 듯이 느껴질 때
내 그림자조차 힘들게 보일까봐입니다
내가 두려운 것은 내 소망대로 흘러가지 아니할 때
여전히 그 소망껏 하고 싶어 질까봐입니다
내가 두려운 것은 내 형편이 곤하다고
십자가의 크신 사랑, 그 사랑을 잊을까봐입니다

내가 가장 두려워하는 그것은
주님 잡은 손, 그 손의 따뜻한 느낌 잊을까봐
바로 그것입니다

내가 바라는 것은 거센 파도 밀려올 때
밀리지 아니하고 그 자리를 지키는 작은 조약돌이기를,
내가 바라는 것은 폭풍이 몰아쳐도
굳은 뿌리로 그 자리에 머물러 있는 나무 한 그루이기를,
내가 바라는 것은 천둥 치는 어둔 밤에도
날개 접고 쉼터 찾아 고른 숨 내쉬는 작은 나비이기를,

내가 바라는 것은
주님 뜻 기다리는데 오랜 시간이 든다 해도
온전한 참음으로 인내하기를
내가 바라는 것은 모든 것의 방향이 달라져도
내가 보는 곳은 오직 주님만 향하기를
내가 바라는 것은 어떤 상황에서도
주님의 크신 손, 그 손을 맞잡을
내 두 손만으로 감사할 수 있는 마음이기를

내가 살며 바라는 오직 하나는
내 모든 것이 세상과 함께 사라져도
주님은 계시다는 그것만은 잊지 않는 것입니다

평안을 너희에게 끼치노니 곧 나의 평안을 너희에게 주노라 내가 너희에게 주는 것은 세상이 주는 것과 같지 아니하니라 너희는 마음에 근심하지도 말고 두려워하지도 말라(요 14:27)

오늘의 기도

주님,
아침에 눈을 뜨면 두 눈 가득
하루만큼의 공간을 담고 기도합니다
주님만 온전히 찬미하는 그런 하루 되게 하여 주옵소서
주께서 저를 통하여 하실 오늘 분량의 일
그대로 이루어지게 하여 주옵소서
그렇게 기도합니다

주님,
햇살이 땅 위를 부드럽게 매만지는 낮 동안 기도합니다
주님 가장 기쁘실 일 제가 하나 할 수 있도록
주님 맘속 아픈 사람 제가 만져줄 수 있도록
주님 음성 듣는 일에 온 마음 모두어 볼 수 있도록
그렇게 기도합니다

주님,

저무는 해 뒤돌은 빛이 다른 동산 비추일 때 기도합니다
하늘과 구름과 산과 땅이
같은 색으로 물든 고운 모습 보며
보시기에 좋으셨던 창조 때의 그 모습 회복게 해 달라고
그렇게 기도합니다

주님,
어둠이 빛의 자리를 대신한 밤에 기도합니다
오늘 주님 하라신 일 제가 다 하였는지
혹시 제가 미룬 일로 주님 더 애쓰신 건 아니었는지
맘속에 궁금하여 기도합니다

주님,
밤이 깊어 나무들의 숨결마저 들릴 시간에 기도합니다
제 심장의 작은 움직임과 고른 숨소리,
저의 전부는 주님의 손길로 운행되고 있음에 대하여
새삼 느껴 감사하며 기도합니다

주님,
어느 순간 갑자기가 아닌 시나브로
먹빛 푸름이 연하게 퍼져가는 여명에 기도합니다

제 영혼도 새벽하늘 닮아
주님께 온전히 물들은 삶 되어
다른 영혼에게 서서히 퍼져 나갈 수 있도록,
그런 스며드는 삶 되게 해 달라고
그렇게 기도합니다

사람들이 사는 동안에 기뻐하며 선을 행하는 것보다 더 나은 것이 없는 줄을 내가 알았고 사람마다 먹고 마시는 것과 수고함으로 낙을 누리는 그것이 하나님의 선물인 줄도 또한 알았도다(전 3:12-13)

너희 안에서 행하시는 이는 하나님이시니 자기의 기쁘신 뜻을 위하여 너희에게 소원을 두고 행하게 하시나니(빌 2:13)

나의 에덴동산

먼 옛날에 아름다운 정원 하나 있었다지
그곳에 심기운 아름드리 나무와 발그레한 꽃,
함께 뒹구는 동물까지 꿈속 낙원이었다지

어느 날 닫히게 된 정원의 굳센 문은
아무리 열려 해도 누구도 열 수 없고
그걸 보신 하늘 아버지 안타까워 우셨다네

그 정원의 풀밭엔 잡초가 무성하고
뽑아내도 뽑아내도 생명보다 더 긴 숙명
한껏 키 큰 나무는 애를 써도 열매 없고
꽃들이 피운 것은 내일이면 시든다네
부지런히 뛰는 동물, 두려움의 눈을 하고
그 안의 삶에 겨워 슬픔으로 쳐다보네

어느 날 하나님은

자기 몸을 깎아 만든 열쇠 하나 주시었고
그 열쇠 손에 쥐면 정원으로 들어가지

그 안에 들어가서 잔디 위의 풀도 뽑고 꽃에게 물도 주며
나무가 열매 맺게 거름도 주어야지
하나님은 그 일을 내게도 하라시네
오직 필요한 건 하나님의 크신 사랑
그 마음 나도 품고 모든 것을 바라보네

언젠가 그 나무는 알 굵은 열매 맺을 테지
그 열매 속 숨은 씨앗, 그 작은 몸짓으로
다른 정원 뒤덮도록 우람하게 자라겠지

내 영혼의 에덴이 온전히 구비될 날
그날을 바라보네

여호와 하나님이 동방의 에덴에 동산을 창설하시고 그 지으신 사람을 거기 두시니라(창 2:8)

빈 무덤을 보고

죽음보다 긴 하루를 보내고 예수님의 무덤을 찾아갔네
웬일인지 무덤 돌은 열려 있고, 빈 세마포만 놓여 있네
아아, 내가 그를
영영 잃었구나
주저앉아 울었다네

무덤가의 나무들과 새들은 아는 걸까
바라보아도 말이 없고,
떠 있는 구름들은 흰 웃음만 지었다네

'십자가에 못 박히고 삼 일 후에 다시 살리라'는
그 말씀이 성취된 걸 긴 울음 끝에 떠올렸네

산비탈을 내려오며 목청껏 소리쳤네
두 다리와 두 손은 설렘으로 앞서가고,
목소리를 한껏 모아 메아리 불러 소리치네

그가 살아나셨다오
그가 바로 기다리던 우리의 주님이셨다오

이젠 우린 영영 사네
무덤은 비었지만 영혼은 생명으로 차오르네
그와 함께 그 안에서 영영 사네

✤ 예수님 무덤을 가장 먼저 찾은 마리아가 빈 무덤을 보았을 때 얼마나 허탈하고 슬펐을지, 그리고 부활의 주님을 기억하고는 얼마나 기뻤을지 생각해 봅니다. 우리의 깊은 어두움과 상처를 잘 아시는 주님은 십자가에 달리시고 부활하신 예수님이십니다.

예수께서 이르시되 나는 부활이요 생명이니 나를 믿는 자는 죽어도 살겠고(요 11:25)

해 질 무렵

해가 긴 그림자만 남기고 작별을 고할 때
그대는 어디에 있는가
아직 오지 못한 사람 기다리며 좁은 골목 끝 바라보는가
돌아갈 길 찾아 발걸음을 옮기는가.

저물녘에 마음까지 어두울 때
돌아갈 집 앞에 켜진 외등 하나 신호 삼아
설렘으로 걸어가는가

이미 어둠으로 옷을 입은
빈 길에 서서
갈 곳을 몰라 잠시 망설이는가

양 볼에 두 손을 모으고
무어라고 외쳐 보면
어디선가 대답이 들려올 것만 같은 골목에 서서
자신 있게 걸어갈 곳이 그대는 있는가

❈ 어린 시절, 해가 서편에 기울면 주택가의 골목마다 밥 짓는 냄새가 나고, 엄마들이 자기 아이 이름을 부르는 소리가 여기저기서 들렸습니다. 엄마가 부르는 그 소리를 듣고 저마다 제 집으로 돌아가면 골목길은 아이들의 구슬 같은 웃음소리 대신 어둠이 그 빈 자리를 가득 메웠습니다.

인생의 마지막 순간에 당신은 어디로 가십니까? 그 막다른 골목에서 돌아갈 환한 불빛이 있다는 것은 지금 살아갈 큰 힘입니다.

여호와는 네게 복을 주시고 너를 지키시기를 원하며 여호와는 그의 얼굴을 네게 비추사 은혜 베푸시기를 원하며 여호와는 그 얼굴을 네게로 향하여 드사 평강 주시기를 원하노라(민 6:24-26)

[두 번째 글]

긴 편지

봄날의 위로

 봄은 나에게 고등학교 교정의 벚꽃과 동의어입니다. 그때까지 봄이라는 계절은 좋지도 싫지도 않은, 그저 새 학년의 시작을 알리는 시간의 흐름일 뿐이었습니다. 그러나 처음 고등학생이 된 그 해는 다른 느낌으로 봄을 맞이하게 되었습니다. 대학 입시가 물리적으로 가까운 시간 안에 들어와 있다는 부담감도 있었지만, 무엇보다 처음으로 집을 떠나 낯선 곳에서 생활한다는 것이 더 힘들었습니다. 전의를 상실한 패잔병처럼 기운 없이 고향이나 엄마라는 단어만 들어도 눈물을 떨어뜨렸습니다. 마치 머나먼 외국에라도 온 듯 처량한 표정을 하고 봄을 심하게 탔습니다.

 내 감정과는 무관하게 봄날은 흘러갔고 햇살은 점점 보드라워졌습니다. 도무지 인간미라고는 보이지 않는 무채색 일색인 학교 건물 곳곳에서 다른 색깔들이 하나 둘 나타나기 시작했습니다. 작년 여름에 새파란 이파리를 무성하게 자랑했으리라고 상상이 되지 않는 마른 갈색 나무들이 연한 잎들을 병아리 부리처럼 내놓고 있었습니다.

어느 날 청소 시간, 여느 때처럼 스피커에서 요란하게 흘러나오는 행진곡을 들으며 창문을 연 순간 아름다운 장관에 내 눈을 잠깐 의심할 수밖에 없었습니다. 그곳엔 마음속의 칙칙함을 한 번에 날려 줄 연분홍 꽃잎들이 불어오는 바람 따라 천사의 손짓처럼 흔들리고 있는 벚나무가 있었습니다. '노란 손수건' 이야기에 나오는 참나무처럼 희망을 주렁주렁 달은 듯이 보였습니다.

열일곱밖에 안 된 나는 세상의 고뇌를 다 가진 듯이 땅바닥만 보고 걷느라 몇십 년은 되었을 벚나무가 이렇게 꽃이 만개할 날을 기다리며 조금씩 피어나고 있던 것을 알아채지 못했던 것입니다. 그것은 작지만 큰 깨달음이었고 내게 인내의 다른 관점을 알게 해 주었습니다. 괴롭게만 한다고 생각한 그 해의 봄에게 마음을 열고, 벚꽃만큼 환한 웃음소리로 허공을 가른 그날부터 더 이상 학교가 회색빛 암울한 장소만은 아니었습니다.

낯선 벌판을 견딜 새 힘을 얻고 난 얼마쯤 후, 세차게 온 비에 꽃잎이 모두 떨어졌지만 슬프지는 않았습니다. 이미 꽃잎들은 고스란히 가슴속에 새겨졌기 때문이고, 무엇보다도 내년을 기대할 수 있기 때문이었습니다.

그날 이후 이십 몇 년을 더 보탠 세월이 흘렀습니다. 그러나 내 기억 속 벚나무는 항상 봄날처럼 피어 있습니다. 지금은 압니다. 영혼의 세포에 새로운 희망을 떨어뜨려 준 그 벚꽃은 때마침 주신 하나님의 선물이었음을요. 보이지 않고 느껴지지 않아도 하나님은 언제나 숨은 위로를 주십니다. 그 위로로 고단한 삶은 봄빛처럼 따스한 숨을 쉽니다.

> 겨울도 지나고 비도 그쳤고 지면에는 꽃이 피고 새가 노래할 때가 이르렀는데…… 무화과나무에는 푸른 열매가 익었고 포도나무는 꽃을 피워 향기를 토하는구나 (아 2:11-13)

* 사랑하는 영주에게

너의 글 〈봄날의 위로〉에서 "세차게 온 비에 꽃잎이 모두 떨어졌지만 슬프지는 않았습니다. 이미 꽃잎들은 고스란히 가슴속에 새겨졌기 때문입니다"라는 표현이 선물이구나.

원하지 않고 준비도 안 되었는데 자꾸만 멀어져가는 것

들 때문에 너무도 마음이 아팠는데, 꽃잎이 떨어져도 슬프지 않을 방법을 알려 주어서 고마워. 이제 눈물 속에서도 웃음이 씨익~ 지어지는 것 보니 조금은 마음이 살아났나봐.

멀어지고, 떨어지고, 흩어져 날라 가고…… 결국 삶은 그런 것들과의 이별 같다는 생각을 이제는 하게 되는 것 같아. 소중한 것이 그리 많지 않은 수도자의 가난한 삶이라 모든 게 그리도 중요하고 안타까운데, 그 얼마 없는 것마저도 조금씩 멀어져 가니 숨이 멎을 것 같았어. 하지만 그것을 막을 도리도 없고, 이제는 가슴 안에 꽃잎을 고스란히 새기는 준비와 작업을 해야 할 것 같아. 가난했기 때문에 더욱 놓아드리기 어려운 바로 그것들을 마음에 새기는 작업 말이야.

……중략……

모두에게 삶을 깊이 만날 수 있는 좋은 기회가 되기를 바라고 좋은 글로 위로해 주고, 가르쳐 준 너에게 감사해.

혜윤.

내 인생의 등불을 비추시는 주님

중학교에 입학한 첫봄의 이야기입니다. 새로운 생활을 향해 떨림과 설렘으로 미지의 발걸음을 떼었습니다. 귀밑 3센티미터로 자른 찰랑찰랑한 단발머리에, 짙은 곤색 교복을 입고, 중학교 교사校舍의 구석구석을 돌아보며 익숙한 곳으로 만들어 나갔지요. 그 중 가장 마음에 들었던 곳은 도서실이었습니다. 집에 있는 것과는 다른 종류의 책들을 마음껏 빌릴 수 있어 좋았습니다. 오래된 학교 역사만큼이나 책들도 모두 오래되어 낡고 누런빛이 돌았지요.

첫 월말고사가 있던 즈음, 친구가 도서실에서 공부할 것을 제안하였습니다. 책만 빌려 보았던 도서실에 공부 목적으로 들어간 것은 그때가 처음이었지요. 6~8명쯤 앉을 수 있는 책상마다 학생들이 가득했는데 대부분 고등학생이었습니다. 내가 다닌 여중은 여고와 한 캠퍼스에 있어 미술실, 음악실, 가사실, 도서실 등은 중·고등학교가 함께 사용했습니다. 백열등 조명이어서 그런지 교실만한 크기의 작은 도서실은 아늑한 느낌이 들었지요. 조용하고 낯선 풍경이 엄숙하게 느껴져 내 마음은 왠지 모르게 설레었습니다.

그때가 3월 말쯤이었는데 도서실엔 아직도 석탄 난로가 있었습니다. 늦게까지 공부하는 학생들을 위한 배려였겠지요. 고등학생 언니들 몇 명이 양은 냄비에 라면을 끓여 먹고 있었습니다. 지금은 상상도 할 수 없는 광경이지만, 아마 집이 먼 언니들이 저녁 먹을 곳이 마땅치 않기에 허락된 모양입니다. 혹시 허락 없이 몰래 먹은 걸지도 모르지요. 지금 생각에는 후자가 더 맞을 것도 같습니다. 예나 지금이나 학창시절엔 몰래하는 약간의 일탈이 즐거운 법이니까요. 우리들은 부러워하며 쳐다볼 뿐이었지요. 갓 입학한 중학생에게 고등학생은 말 붙이기에도 조심스런 큰 존재로 느껴질 때였으니까요. 입시를 앞둔 고3이어서 그런지 라면 먹는 모습마저 진지하고 긴장돼 보였어요. 우리도 고등학생 되면 도서실에서 꼭 라면 끓여 먹자, 친구와 귓속말을 했지만 그 작은 꿈을 이루지는 못했습니다.

어느새 밤늦은 시각이 되었고, 아버지가 데리러 오셔서 나의 첫 도서실 나들이는 마감이 되었습니다. 그 후로도 시험 기간이면 종종 친구들과 도서실에 갔습니다. 달빛에 큰 그림자를 자랑하는 교정의 아름드리 나무들을 보며 나올 때, 왠지 그 사이에 많이 자란 듯이 흐뭇하고 촉촉한 마음이 뿌듯하게 채워졌습니다. 늦은 밤의 교정은 온전히 우리들만의 소유였습니다. 어두움은 우리의 웃음소리를 낮게 받아냈고, 포근함마저 느껴짐은 친구들과 함께하였기 때문일 겁니다.

친구들과 함께 돌아오는 것을 아신 아버지께서 마중 대신 손전등을 하나 사 주셨습니다. 손에 쥐면 쏙 들어올 만큼 작은 것이었습니다. 어두운 하교 길의 2차선 아스팔트를 비출 때면 노랗게 주변을 비추며 길을 열어 주었습니다. 그 후로도 한참 동안 그 손전등은 작지만 큰 안내자가 되어 주었습니다.

❋ ❋ ❋

이제 화려한 네온사인과 가로등과 쉴 새 없이 질주하는 자동차 불빛으로 손전등이 필요 없는 지금, 나의 길을 밝혀 주는 빛은 주님입니다. 주님의 말씀들은 성경 속에서 한줄기 노오란 빛으로 나와서 발 앞을 비추어 줍니다. '고난이 내게 유익이라 그로 인해 주의 율례들을 배우게 되었나이다'(시 119:71)처럼 고난 중에 함께하시는 주님은 더욱 밝은 빛으로 이끄십니다. 비록 저 멀리까지 비추어 알려 주시지는 않고 그때그때의 발걸음 바로 앞을 비추어 주시지만 그걸로 족합니다. 하교 길에 손전등으로 한 발 한 발, 발 앞만 비추어 결국 집에 도착하였듯이, 비추어 주시는 말씀들도 먼 미래까지 알려 주는 것은 아니라 해도 한 걸음씩 따라가면 그 길 끝이 주님 계신 그곳에 닿아 있음을 알기 때문입니다.

주의 말씀은 내 발에 등이요 내 길에 빛이니이다 (시 119:105)

소쿠리 이야기

 우리 집엔 소쿠리가 하나 있습니다. 이 소쿠리는 대나무로 엮은 바구니가 아니라 거북이 이름입니다. 네 발과 머리를 등딱지 속에 집어넣고 꼼짝도 않을 때 모습이 꼭 소쿠리 엎어 놓은 것 같아서 그렇게 붙였습니다. 재작년에 아는 분이 이민을 가게 되어 대신 길러 달라고 부탁해 온 거북입니다.

 몇 년 전에 아이들이 하도 간절히 소원해서 큰 맘 먹고 산 푸들 강아지가 사 온 지 일주일도 안 되어 장염으로 죽고, 얼마 뒤 햄스터도 몇 개월 살다가 죽은 후 다시는 살아 있는 동물은 키우지 않으리라 결심했었습니다. 살아 움직이던 생명과 이별할 때의 애잔함은 함께한 시간에 꼭 비례하지는 않았습니다. 그런데 어쩔 수 없이 맡게 된 동물이 파충류라니. 집에서 기르는 애완동물이란 적어도 '가까이 하며 귀여워하여 기르는 동물'이라는 사전적 의미에 어느 정도는 들어맞아야 하는 게 아닌지요. 생명을 기르는 일에

영 소질이 없는 나는 이 뜻밖의 동물 때문에 걱정이 태산이었습니다. 게다가 거북이가 우리 집에 와서는 통 먹지도 않고 움직이지도 않아서 금방 죽으면 어쩌나 조바심이 났습니다.

봄이 되고 햇살이 제법 따스해지자 거북이는 드디어 조금씩 움직이기 시작했고 그동안 굶은 걸 보상하려는 듯 열심히 먹었습니다. 아기 손보다도 작던 거북이가 조금 자란 것도 같았습니다. 도무지 정들 것 같지 않았지만 매일 보고 먹이를 주니 조금씩 애정이 생겨났습니다. 컬러 모래도 사다 깔아 주고 돌멩이도 넣어 주었습니다. 햇볕을 쐬어야 등딱지가 단단해진다기에 양지바른 곳을 찾아 수조를 옮겨 주어야 했지만 다른 동물에 비해 손이 그리 많이 가진 않았습니다.

그렇게 일 년이 지나갔습니다. 오랫동안 사용한 컬러 모래에 이끼도 끼고 지저분해서 바꿔 주려고 수족관 용품 파는 곳에 갔습니다. 산소가 나온다는 '바이오 샌드'도 사고 비록 플라스틱이지만 물풀도 사려는데 주인 아저씨가 이런 걸 왜 사느냐고 묻습니다. "모래 파헤치면서 노는 것을 좋아하는 것 같아서요. 아무것도 없는 것보다 거북이가 덜 심심하지 않을까요?" 하니 아저씨가 어이없다는 표정을 짓습니다.

보통은 손님이 달라는 것을 그냥 팔 텐데 그는 그럴 의사가 전혀 없어 보였습니다. 그의 퉁명스런 대답은 내 예상과는 정반대였습니다. "그건 사람 생각이고요. 거북이가 정말 좋아하는지 아닌지 어떻게 알아요?" 그의 말은 수조에 이것저것 넣는 것은 단지 사람의 취향일 뿐이라는 것입니다. 수조에 넣은 것이 많을수록 청소하기도 더 번거롭고 귀찮아 미루게 될 텐데 그것이 과연 거북이를 위하는 것이냐고 반문했습니다. 거북이는 무엇보다 청결이 중요하기 때문이랍니다.

그 말이 옳게 여겨져 그냥 집으로 돌아와서 컬러 모래를 버리고 일광욕을 위한 돌과 풀만 남겨 놓았습니다. 그러자 청소가 정말 간편해졌습니다. 또한 수조의 상태가 한눈에 보이니 여러모로 편리했습니다. 거북이도 여전히 잘 지냈습니다. 뭔가 허전하고 심심할 것 같다는 것은 내 생각일 뿐임이 당장 입증되었습니다.

* * *

지금도 가끔 "그건 사람 생각이고요" 이 한마디가 마음 깊은 곳에 메아리처럼 울립니다. 다른 사람을 위한다는 의로움을 가장한 착각 속에 얼마나 많은 오류를 범했는지 돌아봅니다. 배고픈 사람이 내 눈엔 목말라 보여 물만 준 것은 아닌지, 함께 울어 주기를 기대하는 사람에게 어쭙잖은 조언으로 슬픔만 더 안겨 준 것은 아닌지 생각해 봅니다. 내가 가장 옳다고 생각하는 그것이 어쩌면 가장 틀린 것일지도 모르겠습니다. 내 마음 가는 대로 붙인 사랑이라는 이름으로 다른 사람을 사랑하는 것은 마치 고슴도치가 자신의 날카로운 털이 상대방을 아프게 할 줄도 모르고 꼭 안는 것과 같습니다. 우리 집 거북이 '소쿠리'는 내게 이것을 가르쳐 주려고 왔나 봅니다.

내가 예언하는 능력이 있어 모든 비밀과 모든 지식을 알고 또 산을 옮길 만한 모든 믿음이 있을지라도 사랑이 없으면 내가 아무 것도 아니요(고전 13:2)

여름에 꾸는 꿈은 초록빛 그리움입니다

"할머니~~", "아이쿠, 내 강아지" 버스에서 내린 별이는 할머니 품에 와락 안겼어요. 꼬불거리는 길을 돌아서 내린 버스 정류장엔 언제나처럼 하얀 모시 저고리를 입으신 할머니가 서 계셨어요. "음~ 할머니 냄새~". 별이는 까슬까슬한 모시의 감촉이 좋아 자꾸 얼굴을 비빕니다. "인자 다 컸네, 혼자 버스도 타고." "그럼요, 이제 3학년이구요, 언니도 됐거든요." 별이는 엄마가 동생을 낳으셔서 몸조리 중이라 이번 여름방학엔 처음으로 혼자 시골 할머니 댁에 왔답니다.

바람 한 점 없이 고요한데 갑자기 매미들이 별이를 반기듯이 울어댑니다. 별이는 조막만한 손으로 연신 부채질을 하면서 종알거립니다. "할머니 누렁이는 잘 있어요? 닭하고 염소는요? 작년에 모기장 구멍 난 건 어떻게 되었어요?" "아이고, 한 가지씩 물어라. 더우니께 어여 가자."

할머니 댁은 변함없이 그대로였어요. 별이보다도 나이

많은 개 누렁이가 별이를 알아보고 저만큼부터 컹컹 짖어 댑니다. "와, 누렁아! 잘 있었어? 할머니, 나 누렁이랑 뒤뜰에 갈게요." 별이는 메고 온 가방을 평상 위에 올려 놓고 누렁이와 내기하듯 뒤뜰로 달려갑니다.

할머니네 집은 앞뜰엔 옥수수랑 고추, 호박이 심겨져 있는 채소밭이 있구요, 뒤뜰을 지나 조금만 내려가면 작은 개울물이 흐른답니다. 별이는 시원한 개울물에 발 담그고 동화책을 보거나 물장난하며 노는 것을 좋아하지요.

"안녕, 별이 왔구나." 개울물이 인사합니다. "응 잘 있었어? 근데 왜 이렇게 작아졌어? 내가 큰 건가?" "네가 크기

도 했고, 저 위에서 도로 만든다고 막아 놓아서 내 몸이 좀 줄었어." 옆에서 보랏빛 달개비 꽃도 거들었어요. "이제 여기가 개발되면 우리들 있을 곳이 점점 줄어들 텐데 걱정이야. 이젠 이 동네에 아이들도 없으니까 내 미모를 뽐낼 데도 없고…… 내 씨앗으로 쌀이라며 소꿉놀이하던 아이들의 웃음소리가 그리워."

"나도 그래. 아이들이 내 몸을 간질이며 물장구치던 모습이 눈에 선해. 돌 밑에서 거머리를 발견하곤 깜짝 놀라 엉덩방아 찧은 석이도 보고 싶어. 그 작은 손으로 모래무지, 피라미, 송사리 등을 잘도 잡았지. 풍덩 수영하다 귀에 물 들어가면 자갈을 주워 귀에 대고 펄쩍펄쩍 뛰면서 물을 빼는 모습도 귀여웠는데. 시원하게 담가 놓은 수박이랑 참외 먹으며 노래하던 저 앞 예배당 주일학교 아이들도 보고 싶다." 개울물이 말합니다.

"하지만 올해도 별이가 잊지 않고 와 주어서 참 좋아." 고추잠자리 한 마리가 별이 곁에서 맴을 돕니다. 별이는 아까시나무 잎을 따서 한 잎씩 뜯으며 할머니께 달려갑니다.

"할머니, 나 개울이랑 달개비랑 얘기하고 왔어요." 잠에서 깬 별이가 눈을 비비며 말합니다. 별이 곁에서 부채질을 해 주던 할머니는 "우리 별이, 오느라 고단해서 깊이도 잤구나. 꿈꾼 게지" 하십니다. '아닌데, 진짜로 개울이랑 얘기했는데……'. 서쪽 산으로 지는 해의 붉은 빛을 받아 꿈결 같기도 하고, 동화 속 나라 같기도 한 초록 들판을 바라보며 별이는 중얼거립니다. "할머니는 어른이라 모르시나봐. 그치? 넌 보았지?" 별이 곁에 살포시 앉은 고추잠자리가 맞다는 듯 날개로 끄덕입니다.

여호와는 나의 목자시니 내게 부족함이 없으리로다 그가 나를 푸른 풀밭에 누이시며 쉴 만한 물 가로 인도하시는도다(시 23:1-2)

도시락

전철 안국역에서 내려 인사동으로 들어서면 '별다방 미스리'라는 촌스러운(?) 상호명이 적힌 간판이 보입니다.

그곳은 이름처럼 '다방'은 아닙니다. 간단한 식사와 함께 전통 음료를 마실 수 있는 곳입니다. '옛날 도시락'이 그곳의 식사 메뉴입니다. 도시락을 주문하자 네모난 양은 도시락에 밥, 김치 볶음, 분홍 소시지 계란 부침, 멸치 볶음 등이 담겨져 나왔습니다. 7080 도시락 모습 그대로입니다.

❋ ❋ ❋

70년대의 도시락하면 노란 양은 도시락을 빼놓을 수 없고, 그 추억을 잊지 못하는 사람들로 인해 요즘은 위의 식당처럼 '옛날 도시락'을 메뉴에 넣은 집도 가끔 보입니다. 70년대에는 혼·분식을 장려했기 때문에 학교에서 자주 도시락 검사를 했습니다. 생일이라도 되어 흰쌀 밥을 싸 간 날은 도시락 검사하기 전에 친구들과 밥을 섞느라 분주

했던 것도 즐거운 추억입니다.

겨울이면 교실마다 석탄 난로가 있었습니다. 3·4교시 때 난로가 벌겋게 달아오르면 아이들은 도시락을 데우기 위해 난로 위에 올렸습니다. 구수한 누룽지 눋은 냄새가 나기 시작하면 그날의 주번은 도시락 위치를 바꾸어야 했습니다. 아래에 놓인 도시락은 위로, 위의 도시락은 아래로 말이지요. 그렇지 않으면 맨 밑의 도시락은 너무 타게 되거든요. 도시락 안에 반찬을 같이 싸오는 경우도 많아서 반찬 익는 냄새도 진동했습니다. 김치는 찌개처럼 보글보글 끓기도 했지요. 그 냄새의 유혹은 점심시간까지 기다리

기 힘들게 했지요. 드디어 4교시 마치는 종이 울리면 모두 똑같아 보이는 도시락에서 자신의 것을 잘도 찾아서 갓 한 밥처럼 따끈한 도시락을 먹었습니다.

당시에는 집안 형편이 어려워서 또는 어떤 사정 때문에 도시락을 못 싸 오는 아이들이 반마다 몇 명은 있었습니다. 선생님들은 그 아이들을 그냥 굶게 하지 않으셨습니다. 누군가의 도시락 뚜껑에 각자 밥을 한 숟가락씩 덜어 그 친구에게 주게 하셨지요. 내 도시락에서 덜은 밥은 단지 한 숟가락뿐인데 도시락 뚜껑은 금세 밥이 한가득 찼지요. 도시락 안 싸 온 친구들도 무안해하거나 미안해하지 않았고, 덜어 준 친구들도 아무도 아까워하지 않았구요. 작은 오병이어의 기적이 그때 교실마다 있었던 것 같습니다. 나도 내 인생의 도시락에서 작지만 한 숟가락이라도 나누는 삶이 되었으면 좋겠습니다.

우리에게 있는 것은 떡 다섯 개와 물고기 두 마리뿐이니이다……
다 배불리 먹고 남은 조각을 열두 바구니에 차게 거두었으며(마 14:17-20)

그림 같은 풍경

종로에 볼일이 있어 다녀오는 길에 대학로 뒤 낙산에 올랐습니다. 가파른 길을 지나 이화마을 입구에 다다랐습니다. 이화마을은 계단과 담장마다 꽃, 무당벌레, 천사 날개, 사람 얼굴 등을 그려 놓아 보는 이의 눈을 즐겁게 합니다.

시내 전경이 훤히 보이는 벤치에 잠시 앉았습니다. 단풍나무 밑의 투박한 벤치에서 바라본 풍경은 그대로 한 장의 그림엽서 같습니다. 간간이 바람에 흔들리는 나뭇잎이 그림이나 사진이 아니라는 것을 상기시켜 줄 정도로 고즈넉한 정경입니다.

저 멀리 산들이 치맛자락처럼 진하고 연하게 겹쳐 보입니다. 서울에도 참 산이 많구나, 새삼 느낍니다. 그 밑으로는 고층 건물들, 가장 가까이엔 낙산의 나무들, 원근법처럼 먼 곳과 가까운 곳의 풍경이 한 눈에 담겨집니다. 흰 꽃이 무리지어 눈송이처럼 피어 있는 조팝나무는 꽃 사이로 보이는 초록 잎들을 뺀다면 영락없이 함박눈이 내려앉은 것 같습니다. 바람에 꽃잎이 끝없이 날아가도 별일 없다는 듯 그대로 풍성합니다. "나는 평생 살구 꽃잎 날리는 살구나무 아래에서 살구나무가 일러 준 글을 받아쓰며 살았다"는 김용택 시인의 글이 생각났습니다.

❋ ❋ ❋

문득 '그림엽서 같다'는 표현이 낯설게 느껴졌습니다. '그림 같다, 사진 같다'는 말은 흔하게 쓰는 말입니다. 그런데 자연의 실제 모습을 보면서 오히려 사람이 그린 그림 같다는 표현을 쓴다는 것은 아이러니 같습니다. 실감나게 잘 그려진 풍경 그림을 보고 진짜 실물을 보는 것 같다는 말은 극찬입니다. 그런데 아름다운 풍경을 보고 '그림 같다'는 표현을 하는 것은 왜일까 생각해 보았습니다.

아마도 그런 멋진 풍경은 일상에서 항상 볼 수 있는 것이 아니기 때문일 것 같습니다. 그림이나 사진에서 보고 동경하던 모습이 실제로 눈앞에 펼쳐진 감격 때문일 것입니다. 그림이나 사진을 보면서 느꼈던 그 감정이 살아나서 멋진 풍경을 직접 볼 때 '그림 같다'고 하는 것이지요. 즉 '그림에서나 볼 수 있었던 멋진 풍경을 직접 보니 기쁘고 좋다'는 의미가 내포되어 있는 것이 아닐까요?

❋ ❋ ❋

우리는 보이는 세상에서 보이지 않는 세상을 믿음으로

바라보며 살고 있습니다. 실제로 보이는 것은 그림일 뿐이고, 천국의 그림자일 뿐입니다. 훗날 진짜로 그 '보이지 않는 세계'를 보게 되는 날, 그날에 또 '한 폭의 그림 같다'고 탄성을 연발하게 될 것입니다. 그림 속에 살면서 참된 실제의 모습을 보지 못하고 있고, 그림자에 불과한 것을 실제인 것으로 여기고 사는 삶이므로 실제를 보는 날엔 동경하던 마음속의 그림을 드디어 보는 듯할 것입니다.

하나님께서 손수 그려 가시는 그림의 완성을 지금의 눈으로는 볼 수 없지만 먼 훗날에는 볼 수 있습니다. 더 많은 사람들을 그림 속으로 초청해야겠습니다. 한 폭의 그림에 함께 담길 수 있도록 말입니다.

우리가 소망으로 구원을 얻었으매 보이는 소망이 소망이 아니니 보는 것을 누가 바라리요 (롬 8:24)

자전거

 4학년 아이들 수업을 하는데 한 아이가 자전거 타다가 머리를 부딪힌 곳이 아프다며 어떤지 봐 달라고 합니다. 다행히 부딪힌 부위가 조금 붉을 뿐 별 이상은 없어 보였습니다. 어디서 자전거를 탔냐고 물으니 아이들이 오늘 있었던 일을 새들처럼 재잘재잘 말합니다. 양재에 있는 자전거 안전교육장에서 초등학생 자전거 면허 시험이 있었다고 합니다. 자전거 안전 교육을 한 후 수료기념으로 면허증도 주는가 봅니다.

* * *

 내가 처음 자전거를 타본 때가 기억납니다. 초등학교 4·5학년 때였던 것 같습니다. 운동을 잘하던 옆집 친구가 뒤에서 힘껏 붙잡아주어 조금씩 앞으로 갈 수 있었습니다. 어느 정도 자신이 붙어 뒤를 돌아보았는데, 친구가 저 멀리서 손짓하는 것이 보였습니다. 친구는 어느 틈에 손을 놓았고, 나는 그것도 모른 채 달렸던 것입니다. 혼자 타고 있다는 것을 안 순간 자전거와 함께 넘어지고 말았습니다. 넘어지면서 여기저기 다쳤고. 그날 호되게 넘어진 것이 겁이 나서 그 후로 다시는 자전거를 타지 않았습니다.

다시 자전거 타기를 시도해 본 것은 중학교 3학년 때였습니다. 그날 탄 자전거는 학교에서 일하는 아저씨의 큰 자전거였습니다. 역시 처음엔 친구가 잡아주었습니다. 한참을 가다가 뒤돌아보았을 때 자전거를 잡아주던 친구가 저 멀리 보였지만 이번에는 넘어지지 않고 잘 탈 수 있었습니다. 그런데 운동장 구석의 테니스장 옆을 지나는 순간이었습니다. 테니스공이 날아오는 것이 저 멀리 보이더니 피할 사이도 없이 내 턱을 맞추었습니다. 그때 자전거와

함께 넘어질 줄 알았는데 나의 둔한 운동신경에도 불구하고 그대로 달렸습니다. 돌발 상황을 무사히 넘기니 자신감이 생겼습니다. 그날 이후 가깝고 먼 거리를 막론하고 한동안 자전거를 타고 다녔던 기억이 납니다.

❋ ❋ ❋

어느 비 오는 날, 자전거를 탈 수 없는 아쉬움에 자전거를 세워 놓은 채 페달을 돌려본 적이 있습니다. 그때 페달을 뒤로 돌리는 것이 앞으로 돌리는 것보다 훨씬 쉽다는 것을 알게 되었습니다. 앞으로 돌릴 땐 힘을 주어야 하지만 뒤로 돌리면 쉽게 잘 돌아갔습니다.

인생길에서 과거에 미련을 두고 후회와 회한으로 자꾸 뒤돌아보는 경우가 많습니다. 뒤를 돌아보는 것이 암울한 미래를 염려하는 것보다 더 쉽게 느껴집니다. 그러나 나는 현재를 살고 있고 미래를 향해 가야 하기에 뒤는 잊고 앞을 향해 나아가야 할 때가 더 많습니다. 그 나아가는 길에 뜻밖에 '테니스 공'이 날아올 수도 있습니다. 뒤돌아보았을 때 붙잡아 준 친구가 없다는 것을 발견할 때도 있습니다. 내가 의지하던 어떤 것이 사라질 때도 있는 것이지요.

그럴 때마다 나는 보이지 않는 손이 잡아주고 계시는 자전거를 생각해 봅니다. 페달 밟기가 고달파도, 가끔 고난이라는 '테니스공'이 날아와도 뒤에서 꼭 붙잡아 주고 계시는 주님은 결코 손을 놓지 않으신다는 것만 잊지 않으면 계속 전진할 수 있습니다. 넘어짐을 통해 다시 일어서는 법을 배우면서 그렇게 달리고 또 달리다가 마지막 세워진 푯대를 통과할 때 주님과 함께 들어서게 되겠지요.

내 하나님을 의지하고 담을 뛰어넘나이다(시 18:29)

······뒤에 있는 것은 잊어버리고 앞에 있는 것을 잡으려고 푯대를 향하여 그리스도 예수 안에서 하나님이 위에서 부르신 부름의 상을 위하여 달려가노라(빌 3:13-14)

어린 위로자들

며칠 전, 급한 볼일이 있어 택시를 탔습니다. 기사분은 반대 방향인 고속터미널 쪽으로 가려던 것인데 흔쾌히 방향을 돌려 주었습니다. 그분은 흥분된 목소리로 묻지도 않은 말을 꺼냅니다. "제가 터미널에 왜 가냐 하면요, 고등학교 동창들을 30년 만에 만나거든요. 지방에서 지금 고속버스 타고 올라오고 있어요."

내가 반갑고 좋으시겠다고 맞장구를 쳐드리자 그분은 계속 말합니다. "그 친구들이 어떤 친구냐면요, 제가 입대할 때 외아들이 군대 가서 우리 부모님 허전하시겠다고 번갈아가며 우리 집에 와서 두 달을 지내준 친구들이에요." 그 후 각자 객지 생활을 하다 보니 연락이 끊겼는데 이번에 우연히 소식이 닿았다고 합니다.

그 기사분의 친구들은 위로를 말이 아닌 행동으로 한 친구들이었습니다. 저도 고등학교 때 친구들의 위로가 생각났습니다.

❀ ❀ ❀

고2 때 할아버지가 돌아가셨습니다. 같이 사는 한 가족의 죽음은 슬픔이란 단어로는 다 표현할 수 없습니다. 학교에서 부음을 전해 듣고 집으로 가려고 가방을 싸고 있었습니다. 친구들이 내 주위를 둘러서서 위로해 주고 있었는데 다른 반 친구인 혜원이가 흰 우유 한 봉지와 빨대를 내밀었습니다. 점심 도시락도 못 먹고 가는 나를 걱정해 사온 거였습니다. 짧은 시간에 언덕 아래 매점까지 달려갔다 오느라 친구의 앞머리는 땀에 젖어 있었습니다. 그 친구가 콧등까지 흘러내린 안경 너머 애잔한 눈빛으로 말한 "이거 먹구 가" 한 마디는 그 어떤 위로의 말보다 더 내 마음을 울렸습니다. 장례식 다음 날이 수학여행이었지만 도저히 갈 마음이 들지 않았습니다. 그러나 슬픔을 뒤로 하고 다녀올 수 있었던 것도 친구들 덕분이었습니다.

❀ ❀ ❀

용인에서 중학교를 다니고, 수원의 고등학교에 진학한 후 맞은 첫봄은 유난히 힘들었습니다. 처음 맞는 고등학교 생활도 마음에 부담이었고, 엄격한 규율 속에 대학 입시만을 목표로 하는 숨 막히는 분위기도 적응이 안 되었습니다. 누군가의 위로가 필요했습니다. 교회 다니는 반 친구에게 힘들 때 위로가 될 성경 구절 하나만 적어 달라고 했습니다. 그 당시 내가 교회에 다니고 있던 것은 아니었지만 친구가 믿는 하나님께 나도 의지하고 싶었습니다.

그날은 마침 토요일이라 자율학습이 없었습니다. 친구는 성경 구절을 적어 주는 대신 나를 데리고 어느 교회로 향했습니다. 빈 교회의 어두운 실내가 낯설지 않고 편안했습니다. 스테인드글라스의 영롱한 색채를 보고 있을 때 오르간 소리가 은은하게 들려왔습니다. 친구가 찬송가를 치고 있었습니다. 말은 한 마디 없었어도 조용히 들려주는 부드러운 선율에 내 마음은 신기할 정도로 평안해졌습니다.

※ ※ ※

고3 때, 입시를 한 달가량 앞두고 누구나 긴장되고 예민해 있던 때였습니다. 무슨 일 때문이었는지 기억이 잘 안 나지만 아침 자습시간 내내 침울해 있던 내게 유머러스한 짝이 일부러 자꾸 말을 걸었지만 시큰둥하기만 했습니다. 조례 때 담임선생님이 아침 자습 시간에 밖에 나갔다 온 아이들은 다 일어나라고 했습니다. 내 짝도 담임선생님께 야단을 맞았습니다. 선생님이 나가시고 나서 짝은 웃으며 내게 무언가를 내밀었습니다. 그 당시 유행하던 캐릭터 모양이 새겨져 있는 집게 핀 두 개였습니다. "내일이 너 생일이잖아. 기분 좀 좋아지라고."

야단을 맞고도 바보같이 순하게 웃는 그 모습에 그만 책상에 엎드려 울고 말았습니다. 이 선물을 사 주려고 언덕길을 내려갔다 온 바람에 선생님께 혼까지 났구나 싶어 너무 미안하고 고마웠습니다.

❋ ❋ ❋

진정한 위로란 훌륭한 조언이나 유창한 말이 아니라 그저 따뜻하게 안아 주고 같이 울어 주는 것입니다. 그때의 친구들은 이미 그것을 알았던 어리지만 훌륭한 위로자들이었습니다.

즐거워하는 자들과 함께 즐거워하고 우는 자들과 함께 울라(롬 12:15)

미로 찾기

　인천에 있는 '수도국산 박물관'에 다녀왔습니다. 달동네를 철거하면서 그 달동네의 모습을 그대로 옮겨 놓은 곳입니다. 살던 집, 가구며 물건, 가게 등을 실물 크기로 재연해 놓아 옛 추억을 떠올리고 싶은 분들에게 알맞은 곳입니다. 관람을 마치고 기념품 코너에 들렀습니다. 그곳에서는 1970년대에 사용했던 물건들을 팔고 있었습니다. 못난이 삼형제 인형 등과 군것질 거리들은 옛 모습 그대로 새로 만든 것이지만 왕자 크레파스, 화판, 레코드판 등은 실제 그 당시 것을 보관한 것이었습니다. 그 중 가장 반가웠던 것은 〈소년중앙〉이라는 어린이 잡지입니다.

　초등학교 때 소년중앙이 나오던 매달 25일쯤을 얼마나 기다렸는지 모릅니다. 만화부터 기사, 동화, 광고까지 한 달 동안 보고 또 보았습니다. 소년중앙은 다양한 세계를 접할 수 있는 흥미로운 통로였습니다. '숨은 그림찾기'와 더불어 항상 빠지지 않고 실렸던 것은 '미로 찾기'였습니다.

미로 찾기는 출발점에서 시작하여 복잡한 길을 따라 도착점을 찾아가는 퍼즐이지요. 간단한 미로도 있지만 대부분 이리저리 벽에 부딪치고 장애물을 만나고, 되돌아 나오기도 하면서 비로소 도착하게 됩니다. 시작점이 아닌 도착점에서 시작하여 거꾸로 출발점을 찾아가는 경우도 있었습니다. 그럴 경우 대개 더 빠른 시간 내에 힘들이지 않고 길을 찾을 수 있었지요.

※ ※ ※

우리 인생도 가만히 보면 미로 찾기와 참 닮은 것 같습니다. 출발(탄생)해서 인생길을 따라 때로는 복잡하고, 때로는 어려운 길을 걷게 됩니다. 생각지 않던 벽에 부딪치기도 하고 각종 장애물과 위험이 도사리고 있기도 합니다. 되돌아 나와 다른 길을 찾아야 하는 경우도 있습니다.

인간은 누구나 동일한 도착점(죽음)을 가집니다. 그러나 그리스도인은 도착점이 또 다른 시작점(영원한 삶의)입니다. 도착점에서 거꾸로 찾아가는 미로 찾기가 더 쉬웠던 것처럼, 이미 예비되어 있는 도착점을 마음에 품고 소망으로 인생을 바라보며 살아간다면 훨씬 힘이 덜 들 것 같습니다.

창세기에 나오는 족보들을 거꾸로 거슬러 올라가면, 아브람, 데라…… 셈, 노아…… 아담, 결국 하나님께서 창조하신 지점으로 가게 됩니다. 그 반대 방향으로 내려오는 족보들은 이 땅에 육신을 입고 오신 예수께로 닿게 되고, 하나님께서 준비하신 길은 결국 하나로 연결이 되어 있음을 알 수 있습니다.

인생이라는 미로에서 앞으로 길을 찾든, 뒤에서 거슬러 올라가 길을 찾든 시작과 끝 지점에 하나님께서 계신다는 것이 얼마나 감사한지 모릅니다. 힘이 들고 지칠 때마다 '거꾸로' 생각하기를 해 봅니다. 내가 갈 곳은 천국이고, 이곳에서의 삶은 나그네이고 그림자일 뿐이라고 생각하는 것입니다.

이 하나님은 영원히 우리 하나님이시니 그가 우리를 죽을 때까지 인도하시리로다(시 48:14)

성탄절 카드

성탄절이 20여 일 앞으로 다가왔습니다. 그리스도인이든 아니든 많은 사람들이 이맘때 즈음을 막연한 기대와 설렘으로 보냅니다. 못 다한 계획은 새로운 해로 미루어 두고, 한 해의 끝자락에서 가슴을 채워 줄 인정을 찾아 만남의 약속들을 만듭니다. 아마 겨울과 연말이라는 시간적 배경이 그런 마음을 보태는 것 같습니다. 너그러움으로 자신의 사랑의 최대치를 내놓기도 하고, 또 그만큼의 사랑을 받고 싶어 하기도 합니다. '따뜻함에 대한 본능적 회귀'라고 할까요.

어린 아이들은 선물 때문에 성탄절을 기다리는 경우가 많습니다. 갖고 싶은 것을 산타가 줄 것을 기대하며 성탄절이 가까워 오면 더욱 '착한 어린이'가 되려고 합니다. 아이들이 커서 산타가 실제로 존재하는 것이 아님을 알게 될 즈음은 동심과 추억을 현실과 바꾸는 때입니다.

선물을 주기만 하다가 받게 된 산타 이야기가 담긴 유아

용 동화책이 있습니다. 밤새 온 세상 어린이들에게 선물을 나눠 주고 돌아온 산타의 침대 위에 작은 선물과 카드가 놓여 있다는 내용입니다. 사랑이란 받기만 하는 것이 아니라 함께 나누고 주고받는 것임을 알려 주려는 것이 저자의 의도라고 합니다.

동화에서는 산타도 선물을 받았는데, 실제 성탄절의 주인공이신 예수님께 나는 무엇을 드리고 있는지 생각해 봅니다. 언제부터인가 성탄절은 산타의 날이 되어버린 듯합니다. 성탄절은 하나님의 본체이시지만 육신을 입으시고 친히 이 땅으로 내려오신 예수님의 고귀하고 거룩한 사랑의 날입니다. 산타가 사슴썰매 타고 나누어 주는 선물이 아닌, 그 값을 비교조차 할 수 없는 '은혜의 선물'이 그날 도착했습니다. 바로 '예수님 자신'을 우리에게 선물로 주셨습니다.

* * *

올해의 성탄절은, 적어도 그리스도인만이라도 예수님께만 집중했으면 좋겠습니다. 화려한 트리 장식, 조명, 선물, 만남의 약속 등에 시선을 빼앗기지 말고, 소외된 이웃을 한 번 더 생각하고 그동안 소홀했던 지인과 연락도 나누어 보는 것도 좋을 것 같습니다. 산타의 선물 이야기보다 예수님의 사랑에 대한 이야기를 나누고 옛 시절을 추억하며 손수 만드는 카드도 좋겠습니다. 작은 마음 씀 하나로 다른 사람을 잠시나마 행복하고 따뜻하게 해 줄 수 있다면 그것이 예수님께 드릴 가장 흐뭇한 선물이 될 것입니다.

❊ ❊ ❊

학창 시절, 12월의 미술 시간엔 카드를 만드는 경우가 많았습니다. 문방구마다 천장에서부터 휘휘 매달려 있는 오색 반짝이 줄, 은박지, 금박지, 얇아서 뒤쪽이 다 비치는 미농지, 색색 도화지, 색종이, 반짝이 가루, 하얀 솜 등 다양한 재료들을 준비했지요. 교회와 십자가, 사슴과 썰매, 빨강 옷 입은 산타, 달과 구름 등 아이들의 그림은 비슷비

슷했습니다. 간혹 까만 도화지에 흰 물감을 붓에 묻혀 예배당과 달과 길 등을 그리면 밤 풍경을 간단히 묘사할 수 있었습니다.

❋ ❋ ❋

올해는 예수님께 카드를 한 장 보낼까 합니다. 이 땅에 와 주셔서 감사하다고, 화려한 궁전이 아닌 초라한 말구유에 오셔서 감사하다고. 멋진 집이 아닌 평범한 목수의 집에서 나셔서 감사하다고. 이것저것 모두 갖추신 것이 아니라 머리 둘 곳조차 없으셔서 감사하다고. 그리고 자신의 목숨조차 아끼지 않고 사랑해 주셔서 감사하다고 말입니다.

높은 곳에서는 하나님께 영광이요 땅에서는 하나님이 기뻐하신 사람들 중에 평화로다 (눅 2:14)

냄비우동

 얼마 전에 가끔 가던 우동집 근처를 지나다가 깜짝 놀랐습니다. 우동집 간판이 내려가고 고깃집으로 바꾸는 공사가 한창이었기 때문입니다. 개업과 폐업이 유난히 많은 강남역 주변에서 70년 전통이라고 쓰여 있던 우동집은 소신 있고 우직하게 보였습니다. 가장 붐비는 점심시간이나 저녁시간에도 손님이 그리 많지 않았기에, 경영난으로 문을 닫았을 거라고 추측했습니다. 며칠 뒤 들리는 소문은 우동집 할머니가 사고로 돌아가셨다는 안타까운 소식이었습니다.

 어릴 때 밥을 잘 안 먹었던 아이가 혹시 우동은 먹을까 해서 처음 그 집에 갔었는데, 반갑게도 메뉴에 냄비우동이 있었습니다. 아이는 입맛에 맞았는지 맛있게 먹었고, 국물과 면을 따로 포장까지 해 왔습니다. 그 후로도 우동이나 메밀국수가 생각날 때 가끔 들르곤 했던 집이었습니다.

※ ※ ※

 냄비우동이 그토록 반가웠던 이유는 한 기억 때문입니

다. 냄비우동을 처음 접한 것은 고등학교 때입니다. 친구가 언니와 함께 냄비우동 먹은 이야기를 할 때 처음 들어 보는 그 음식이 무엇인지 궁금했습니다. 말 뜻 그대로 냄비에 담긴 우동인 것 같은데 먹어 본 적이 없으니 짐작만 할 뿐이었습니다. 내가 알고 있는 우동이란 할머니가 중국 음식점에 가실 때마다 드신 메뉴였습니다. 나는 멀건 국수 같은 우동을 무슨 맛으로 드시는지 이해가 안 되었습니다. 자장면처럼 입에 감기는 달큰한 맛이 있는 것도 아니고, 짬뽕처럼 얼큰하지도 않은 우동은 내겐 심심하기 그지없는 음식이었습니다.

드디어 그 친구와 함께 냄비우동을 먹으러 갈 기회가 왔습니다. 고등학교가 있던 수원 서문에서 북문을 지나 남문으로 가는 길 중간에 있던 우동집은 아주 작았습니다. 겨울이라 격자 유리로 된 출입문에 서린 뽀얀 김이 따뜻한 우동과 잘 어울렸습니다.

예상한 대로 작고 납작한 양은 냄비에 우동이 담겨져 나왔습니다. 희고 통통한 우동 위에 계란과 유부, 쑥갓이 올려진 것이 중국집 우동과는 전혀 달랐습니다. 달짝지근하면서 감칠맛이 났습니다. 아쉽게도 그 후로 한동안 냄비우동을 먹을 기회는 없었습니다.

❋ ❋ ❋

하지만 찬바람이 불 때면 생각나는 추억의 음식이었습니다. 그런데 그 우동집에서 냄비우동을 발견했으니 얼마나 반가웠던지요. 그러나 이제 그 우동집도 기억 속에만 남아 있게 되었습니다. 수원에서 80년대 초에 먹었던 우동과 서초동에서 90년대에 먹은 두 냄비우동, 그 동일한 맛을 찾을 수는 없을 것 같습니다. 그 우동은 추억과 함께 먹었던 우동이니까요.

찌그러지고 납작하고 작은 일인용 양은 냄비에 담긴 흰 우동 가락과 초록 쑥갓, 그것은 음식일 뿐만 아니라 추억의 앨범이었습니다. 살아가면서 추억은 그렇게 하나 둘 늘어나고, 추억의 실체는 그렇게 하나 둘 사라집니다. 눈에 보이는 실체의 영원하지 않음을 보면서 이 세상 마칠 때는 내가 가졌던 것, 이룬 것보다 주님을 더 깊이 알아가고 사랑했던 기억, 그것만을 가지고 가고 싶습니다.

너는 청년의 때에 너의 창조주를 기억하라 곧 곤고한 날이 이르기 전에, 나는 아무 낙이 없다고 할 해들이 가깝기 전에 해와 빛과 달과 별들이 어둡기 전에, 비 뒤에 구름이 다시 일어나기 전에 그리하라 (전 12:1-2)

화랑대역에서

 작년에 읽었던 작은 잡지책에 간이역을 소개하는 코너가 있었습니다. 다달이 소개되는 간이역은 대부분 먼 곳에 있어 가기가 어려운데, 그 달 소개된 간이역은 경춘선의 화랑대역으로 지하철을 타고 갈 수 있는 곳이었습니다. 그러나 태릉 근처까지 일부러 간다는 것은 쉬운 일은 아니었습니다.

 마침 이번 주일 오후에 아이들도 각자 볼일 보러 나가고, 우리 부부만 남아 화랑대역으로 향했습니다. 지하철 6호선 화랑대역 근처 주차장에 차를 세우고, 1킬로미터쯤 떨어진 경춘선 화랑대역으로 걸어갔습니다. 5월의 햇살이 제법 따갑게 느껴졌습니다.

 영화 촬영 세트로 만든 곳이 아닌가 생각될 정도로 작고 소박한 역입니다. 역 안으로 들어가 보려는데 문은 잠겨 있고 메모가 하나 붙어 있었습니다. 경춘선 전철 개통으로 작년 말부터 화랑대역이 폐쇄되었다는 내용이었습니다.

그제서야 책에서 본 것이 기억났습니다. 경춘선 전철 개통 후 문을 닫으니 가 보고 싶은 사람은 그 전에 가야 할 것이라는 내용이었습니다.

그래도 기왕 온 것이니 유리문을 통해 대합실 내부를 들여다보았습니다. 책에 실린 사진과 같이 피아노와 테이블, 나무를 그대로 잘라 세워 놓은 듯한 의자도 있었습니다. 거기에 앉아 차라도 마실 수 있었으면 좋았겠지만, 관광용으로 보수를 마친 후에 다시 개방한다는 안내문을 보고 아쉬움을 달랬습니다.

❋ ❋ ❋

발길을 돌려 바로 앞의 기찻길로 갔습니다. 기차가 다니지 않는 기찻길은 멈춘 세월을 안고 그 자리에 있었습니다. 낡은 철도목 위에 녹슨 기찻길이 뻗어 있는데, 기찻길 옆의 무성한 잡초와 나무들의 초록빛이 아니라면 너무 쓸쓸한 풍경일 뻔했습니다.

그러나 반갑게 눈에 뜨인 야생화 때문에 마음은 금세 행복으로 갑니다. 꽃마리, 별꽃, 냉이 꽃이 발길 닿는 곳마다 있었습니다. 조개나물 꽃과 철쭉도 색채감을 더해 주었습니다. 서로가 작은 것을 알기에 무리지어 피는 것이 야생화의 매력입니다. 낮게 앉아서 보아야 그 여린 꽃잎을 잘 볼 수 있습니다.

다니는 사람 없이 적막한 그곳에 대학생으로 보이는 앳된 남녀 커플이 있었습니다. 케이크 상자를 들고 있는 것으로 보아 생일이거나 축하할 일이 있나 봅니다. 휴대폰으로 사진을 찍으며 기찻길을 걷는 그들의 모습이 보기 좋아 한참을 바라보았습니다. 우리가 없었다면 화랑대역과 기찻길은 온전히 그들만의 오붓한 세상이었을 텐데 괜히 미안한 마음도 들었습니다.

문득 그들의 모습과 우리의 모습이 오버랩 되었습니다. 그들 위에 20여 년 전의 우리의 모습이 겹쳐지며 지난 세월의 기억들이 필름처럼 지나갔습니다. 20년이라는 시간이 앨범 한 페이지 넘기듯이 짧게 지나간 것처럼 느껴집니다. 그들에게서 우리 부부의 젊은 날의 모습을 보며, 이렇게 햇볕이 좋은 날엔 빨래가 잘 마르겠다는 나의 현실적인 생각이 머지않아 저 찬란한 나이의 아가씨에게도 다가올 것에 슬며시 미소가 지어졌습니다.

* * *

우리 인생이 기찻길 같다는 생각을 해 보았습니다. 어느 역에서 출발하든지 시작 지점이 있고 마지막에 다다를 종착역이 있습니다. 구불구불한 기찻길은 강과 산과 언덕과 들판을 지나며 목적지를 향해 갑니다. 가고자 하는 역에 어김없이 데려다 주는 기차처럼 우리 인생도 어김없이 죽음이라는 종착역이 있습니다. 기차가 서야 될 역에 서지 않고 통과하지 않듯이 우리도 죽음이라는 역을 통과해야 합니다. 물론 그리스도인에게는 죽음이 종착역이 아닌 경유역이고, 또 다른 출발점이지요.

눈부신 오월의 햇살이 기찻길 위로 찬란하게 비추어 뭐라 형용하기 힘든 다른 세상을 보는 듯한 착각이 들었습니다. 평화보다 더 깊은 고요함이 흐르고 있었습니다. 수천 년 전이나 지금이나 동일하게 비추며 수많은 사람들의 생과 사를 보았을 태양과, 삶의 무수한 이야기들을 묵묵히 싣고 달렸을 기찻길을 보며 내 인생의 종착역까지 오직 감사함으로 살고 싶습니다.

하나님이 모든 것을 지으시되 때를 따라 아름답게 하셨고 또 사람들에게는 영원을 사모하는 마음을 주셨느니라 그러나 하나님이 하시는 일의 시종을 사람으로 측량할 수 없게 하셨도다(전 3:11)

시장에서

 작년 가을, 어느 재래 시장에 갔을 때의 일입니다. 시장 안에는 양쪽으로 즐비한 가게 앞에 각종 좌판도 많습니다. 좌판이라야 가로 세로 1미터도 되어 보이지 않으니 그 위에 올려진 물건도 얼마 되지 않습니다. 주먹 두 개 들어갈 만한 작은 바구니에 부추 조금, 오이, 호박 몇 개, 고추 몇 개 등이 담겨 있습니다. 할머니들 좌판의 채소는 유난히 깔끔합니다. 할머니들이 잠시도 손을 놀리지 않고 채소를 다듬기 때문입니다. 가지런한 쪽파는 윤기가 날 정도이고, 고구마 줄기는 곧바로 조리하기 쉽도록 껍질이 벗겨져 있습니다.

 한창 밤이 맛있는 철이어서인지 여기저기에서 할머니들이 밤 껍질을 까고 계셨습니다. 밤을 싸게 주시겠다고 부르는 할머니 말씀에 발걸음을 멈추었습니다. 거뭇거뭇하게 색깔이 조금 변한 밤은 어제 깐 것이라며 거의 헐값을 말씀하십니다. 그런데 옆 좌판의 할머니가 내가 사려고 하는 할머니의 밤을 계속 칭찬합니다. "그 집 밤 진짜 맛있어. 사 가" 하고요.

동일한 좌판을 벌여 놓고 있으니 당신의 밤도 한 번 맛보라고 할 만도 한데 옆의 분 홍보를 해 주시다니 놀라울 따름입니다. 게다가 이쪽 할머니가 밤 넣어 줄 비닐이 마땅치 않다고 하자 당신의 비닐 중에서 알맞은 비닐을 골라 건네주십니다. 네 것 내 것을 전혀 가리지 않는 정겨운 모습이었습니다. 슈퍼마켓의 매끈하고 하얗게 깐 밤과 달리 할머니 밤은 조금 지저분했지만 갓 딴 밤처럼 맛있었습니다. 아마도 함께 사는 아름다운 모습이 스며들어 있는 밤이었기 때문이겠지요.

친구는 사랑이 끊어지지 아니하고 형제는 위급한 때를 위하여 났느니라(잠 17:17)

아름다운 이웃

큰아이가 백 일쯤 되었을 때입니다. 누군가 벨을 눌러 나가 보니 같은 층의 201호 아줌마가 보행기를 들고 환하게 웃으며 서 있었습니다(아줌마라고 했지만 당시 내 나이는 29세, 그분의 나이는 31세밖에 안 되었을 때입니다.). 오며가며 한두 번 만난 적은 있지만 이야기를 나눈 것은 그때가 처음이었습니다. 둘째가 커서 보행기를 사용하지 않는다며 혹시 필요하면 쓰라고 했습니다. 집에 보행기가 있었기에 고맙지만 사양했습니다. 그러나 타인의 삶의 필요를 요청하기 전에 채워 주고 싶어 하는 마음과 그 환한 웃음에 대해서 깊은 인상을 받았습니다.

❋ ❋ ❋

언제든지 놀러 오라는 말을 기억하고는 몇 개월 후 아이를 안고 그 집으로 갔습니다. 언제나 현관문이 활짝 열려 있기에 벨을 누를 필요도 없었습니다. 당시 우리 아파트는 복도식이고, 한 층에 모두 여섯 가구가 있었습니다. 그 중

201호인 그 집사님 집을 비롯, 우리집인 206호까지, 202, 203호 새댁들 모두 외출할 때를 제외하고 현관문을 열어 놓고 살았습니다.

아침 먹고 치우고 나면 201호에서 인터폰이 옵니다. "부침 가루 있어? 있으면 들고 와~". 함께 모여 이것저것 만들어 먹으며 수다 떠는 재미가 쏠쏠했습니다. 초보 주부인 나에겐 그곳이 요리 학원이었고, 육아 교실이었습니다.

아줌마 되기를 거부(?)했지만 이제는 아줌마들 틈에 끼는 것이 편안해지기 시작했습니다. 직접 듣는 살림과 육아의 정보는 책보다 생생하고 실용적이었습니다.

201호에는 언제나 사람들로 북적였습니다. 동네 아줌마들은 물론 각자 어린아이들까지 데려와 집은 전쟁터가 되기 일쑤였습니다. 여러 방문자들 중에서 내가 가장 놀랐던 분은 아파트를 청소해 주시는 아주머니였습니다. 식사 때마다 그 집사님은 큰 소리로 청소 아주머니를 불러 함께 식사를 했습니다. 청소 아주머니는 2층 복도를 청소하실 때면 언제나 반갑게 열려 있는 현관문으로 들어오셔서 구수한 이야기들을 함께 나누었습니다. 몇 년 후 201호가 이사 갈 때 가장 서운해 한 분도 그 청소 아주머니였습니다. 201호 집사님의 나눔과 섬김을 보며 그동안 가지고 있었던 크리스천에 대한 편견을 어느 정도 벗을 수 있었습니다.

201호 집사님 덕분에 처음으로 다락방에 나가 신앙의 첫걸음을 내딛었습니다. 그분은 다락방 있는 금요일마다 우리 집에 와서 아이를 받아 안으며 기다렸습니다. 그러니 다락방을 빠지려고 핑계대기가 어려웠습니다. 주일이면 교회 다녀왔냐고 인터폰으로 확인(?)하기도 해서 무척 부담스럽기도 했지만, 그분의 재촉 아니었으면 나의 신앙의 여정은 참으로 더뎠을 것입니다. 하나님은 가장 적합한 도울 자를 아파트 같은 층에 붙여 주신 것입니다.

※ ※ ※

　벌써 10여 년 이상의 세월이 흘렀습니다. 202호 새댁의 소식은 끊겼고, 1506호 새댁은 근처에 살기에 가끔 만납니다. 503호 집사님은 딸과 아들이 유명한 배우가 되어 깜짝 놀라기도 했습니다. 201호 집사님은 여전히 식지 않는 열정 그대로 사람들을 불러 모으며 베풀고 있습니다. 지금도 가끔 그 시절이 생각납니다. 함께 사는 소중한 모습을 알려준 아름다운 이웃들이었습니다.

내가 너희를 사랑한 것같이 너희도 서로 사랑하라 (요 13:34)

보시기에 좋았더라

나는 차 타는 것을 좋아합니다. 적당한 흔들림에 몸을 맡기고 눈앞에 펼쳐지는 풍경을 보노라면 차의 속도를 좇아 수많은 생각들이 함께 달립니다. 지난주에는 어느 모임에서 포천의 식물원에 다녀왔습니다. 초여름의 산과 들에서는 조금의 빈틈도 없이 초록색 생명이 푸른 숨을 쉬고 있습니다. 초록빛 호흡을 하는 것만으로도 나의 폐는 도시에서는 못 누린 호강을 합니다.

* * *

식물원의 다양한 식물들을 보면서, '피조물도 탄식하며 예수님 오실 날을 고대한다'(롬 8:19-22)는 말씀을 떠올렸습니다. 고개를 돌려 둘러보면 그 자리에 존재하는 당연함으로만 보았던 자연이 요즘은 다른 시선으로 보입니다.

하나님께서는 빛도, 땅과 바다도, 풀과 나무도, 모든 짐승, 새, 모든 것들을 종류대로 창조하시고 '보시기에 좋다' 하셨고(창 1:4-31), 하나님의 형상대로 인간까지 창조

하시고는 그 모든 것들을 볼 때 '심히' 좋다(창 1:31) 하셨습니다. 그러나 아담으로 인해 땅이 가시덤불과 엉겅퀴를 내고(창 3:18), 피조물도 함께 탄식하며 고통을 겪게 된 것입니다(롬 8:20-22).

이제는 산도 구름도, 풀도 물도, 모든 생물과 무생물까지도 탄식하며 창조 당시의 모습으로 다시 회복되길 원하는 존재들로 보입니다. 조금은 하나님의 마음을 품고 보게 되었다고 할까요.

가끔 자연에게 마음으로 말을 겁니다. 너희도 나처럼 주님 오실 날을 고대하고 있구나……. 발밑을 구르는 작은

돌 하나, 바싹 마른 흙을 뚫고 힘껏 꽃피운 가녀린 들꽃도 모두 영광의 주님 오실 날을 기다리며 한줌의 햇살을 들이마시고 있구나 하고요.

* * *

최근 며칠 동안 아는 분들의 투병 소식을 접하면서, 연이어 장례식에 다녀오면서, 거듭되는 고난 속에 있는 분들을 보면서, 세상의 이 모든 힘겨움이 처음 하나님께서 창조하신 '보시기에 좋으셨던' 모습에서 얼마나 많이 비껴난 것인지 생각하게 됩니다. 이사야 61장 말씀처럼 주님이 다시 오시는 날, 온전한 회복이 나타나 영영한 기쁨이 있게 되길 더욱 간절한 마음으로 소망하게 됩니다.

이 세상의 모든 피조물들이 하나님께서 '보시기에 좋으셨던' 모습을 다시 되찾는 그날이 빨리 올 수 있도록, 뜻이 하늘에서 이미 이루어진 것같이 땅에서도 속히 이루어지도록 오늘도 눈물로 한 줄의 기도를 보탭니다.

8분 전에 출발한 은혜의 빛

새해 첫날마다 해맞이 인파가 줄을 잇습니다. 새해의 첫 해가 떠오르는 장관을 보며 소원을 비는 모습도 보입니다.

해와 지구 사이의 거리는 1억5천만 킬로미터, 햇빛이 지구에 도달하는 시간은 8분이라고 합니다. 즉, 내가 지금 보는 빛은 8분 전에 출발한 것이지요. 이것은 만약에 해가 없어진다 해도 우리가 알아차리는 것은 8분 뒤라는 의미가 됩니다. 그러니 단순히 해에게 소원을 빈들 무슨 의미가 있겠습니까? 달빛이 지구에 도달하는 시간인 1초 동안에도 수많은 일들의 희비가 엇갈릴 수 있는데, 햇빛이 우리에게 오는 그 8분 동안 무슨 일이 일어날지는 아무도 모르는 것입니다.

그럼에도 우리가 감사할 수 있는 것은 어느 곳 하나 햇빛이 소홀한 곳이 없기 때문입니다(마 5:45). 해가 늘 거기에 그대로 있음도 감사합니다. 해의 위치가 아주 조금만 달라져도 지구의 온도는 매우 높아지거나 낮아져 심각한 문제들이 생길 수 있습니다. 정확하게 운행하여 주시는 하나님의 사랑이 너무도 당연하여 오히려 잊고 삽니다.

고루 비춰는 햇살보다도 하나님 사랑은 더 강하고 제외됨 없이 쏟아지지만, 나는 보암직하고 먹음직한 것, 탐스러운 것(창 3:6)을 찾아 헤맵니다. 단지 나의 마음속에 검은 커튼을 쳐 놓고 햇빛이 비추지 않는다고 불평하는 것이지요.

마음에 드리워진 커튼을 걷고 소망을 품고 싶습니다. 과거에 대하여는 감사를, 현재에 대하여는 자족을, 미래에 대하여는 신뢰를 가지고 싶습니다. 여러 어려움 속에서도 지난 은혜로 인해 감사할 수 있습니다. 이미 주신 복이 생각나지 않는다면 구원해 주신 것만으로도 감사해야지요.

가지지 못한 것에 대한 미련보다는 가진 것에 대한 감사를, 이루지 못한 것에 대한 아쉬움보다는 이룰 것에 대한 소망을 갖는 한 해가 되었으면 좋겠습니다. 우리 모두의 작정한 것을 반드시 이루실(욥 23:14) 하나님의 약속을 믿고서 말입니다. 올해가 다 지나갔을 때 나의 후회는 더 나누지 못함, 더 사랑하지 못함, 더 기뻐하고 감사하지 못함에 대한 것이 되었으면 좋겠습니다.

하나님의 은혜의 빛은 이미 8분 전에 출발했습니다. 그 8분 후를 기다리는 중이라고 생각합니다. 이제 곧 도착할 그 빛을 감사함으로 받아 누리며 햇살만큼 따스한 온기를 다른 사람들에게 전하는 한 해가 되길 희망합니다.

너희의 인내로 너희 영혼을 얻으리라(눅 21:19)

만일 우리가 보지 못하는 것을 바라면 참음으로 기다릴지니라(롬 8:25)

끝인사

편지를 마치며

들추어 보면 갈피마다 그리움이 묻어나는 인생의 시간들이 있습니다. 노오란 햇살이 길게 비취는 오후의 거실, 난로 위엔 하얀 김이 소복이 나오는 스테인리스 주전자, 옅은 졸음이 깜빡 오는 나른함과, 그윽한 향이 코끝에 맴도는 따끈한 차 한 잔…… 만만치 않은 현실에서 살짝 벗어나고 싶을 때 가끔 떠올렸던 정경입니다.

중학교 시절, 2월의 교실을 기억합니다. 봄 방학 전에 두 주 정도 학교 다니는 기간이 있었습니다. 겨울 방학 전에 한 학년의 진도가 이미 다 끝났기에 각자 책을 가져와서 수업 시간마다 읽곤 했습니다. 가끔 자수를 놓거나 뜨개질을 하는 친구도 있었습니다. 겨울의 오후엔 창가뿐 아니라 복도 가까운 곳까지도 깊숙이 햇살이 들어옵니다. 커튼을 쳐 놓은 교실 안은 흡사 노을빛이 담긴 듯 고즈넉하고 푸근한 분위기가 되었습니다.

석탄 난로는 하루의 제 할 일을 다 하고 마지막 따뜻한 온기만 전해 주었고, 수업 마치는 종이 울릴 때까지 고요함 속의 40여 분 동안 들리는 것은 간간이 들리는 기침 소리와 책장 넘기는 소리뿐이었지요. 아무것에도 방해받지 않고 그런 시간과 공간에서 읽었던 책이 오늘 따라 유난히 그립습니다.

특별한 글 솜씨도 없고, 부족한 것이 더 많다는 것을 잘 알지만 그래도 제 글을 통해 조금의 위로를 받았다는 분들의 말에 용기를 내어 두 번째 책을 세상에 내놓습니다. 짧은 글들을 통해 분주한 일상에서 차 한 잔과 함께 잠시 쉬는 시간이 되신다면 그 이상 기쁨이 없을 것 같습니다.

2011년 늦가을
송영주 드림

봄날의 위로

초판 1쇄 발행 | 2011년 11월 1일
초판 2쇄 발행 | 2013년 1월 10일

지은이 | 송영주
펴낸이 | 임만호
펴낸곳 | 크리스챤서적

등 록 | 제10-22호(1979.9.13.)
주 소 | 135-867 서울 강남구 삼성2동 38-13
전 화 | 02)544-3468~9
F A X | 02)511-3920
E-mail | holybooks@naver.com

책임편집 | 임영주
미 술 | 임흥순
제 작 | 임성암
관 리 | 정진수 · 공미경

Printed in Korea
ISBN 978-89-478-0281-9 03230

정가 7,000원

※잘못된 책은 교환하여 드립니다.